AI와 창의 교육

AI총서

인공지능 시대입니다. 기계가 인간의 인지를 대신하고, 사물이 인간을 통하지 않고 다른 사물과 직접 커뮤니케이션합니다. 이에 따른 인간 삶과 문명 변화를 정확히 이해·예측·대응하는 것은 이 시대 우리 모두의 과제입니다. AI총서는 인공지능 기술과 환경의 여러 주제를 10가지 키워드로 정리합니다. 관련 개념과 이론, 학계와 산업계의 쟁점, 우리 일상의 변화를 다룹니다. 인간과 기술의 현재, 미래를 세심히 분석합니다.

일러두기

- 인명, 작품명, 저서명, 개념어 등은 한글과 함께 괄호 안에 해당 국가의 원어를 병기했습니다.
- 외래어 표기는 현행 어문규정의 외래어표기법을 따랐습니다.

처음이세요?

전문가세요?

AI와 창의 교육

윤혜진

대한민국, 서울, 커뮤니케이션북스, 2025

AI와 창의 교육

지은이 윤혜진
펴낸이 박영률

초판 1쇄 펴낸날 2025년 11월 17일

커뮤니케이션북스(주)
출판 등록 2007년 8월 17일 제313-2007-000166호
02880 서울시 성북구 성북로 5-11
전화(02) 7474 001, 팩스(02) 736 5047
commbooks@commbooks.com
www.commbooks.com

ISBN 979-11-430-0640-0 03500

책값은 뒤표지에 표시되어 있습니다.

차례

AI로 인해 강조되는 창의성과 창의 교육

이 책은 자신을 평범하다고 여기는 사람들을 위한 창의성과 창의 교육에 관한 책이다. 이 책을 쓰는 나 또한 평범한 사람임을 밝힌다.

먼저 '창의적인 사람'에 대해 떠올라 보자. 필자는 예전에 창의적인 사람이라고 하면 전기에서 다루는 위인들을 생각했다. 세종대왕이나 에디슨처럼 보통 사람들은 감히 상상할 수 없는 아이디어를 떠올리고, 그것을 실행으로 옮겨 위대한 유무형의 결과물을 만들어 내는 사람들을 떠올렸다. 그리고 전기에서 서술하는 그들의 독특한 사고방식과 행동 패턴을 보며, '대단하긴 한데, 나는 안 되겠다'고 생각했던 것 같다. 즉, 창의적인 사람이라고 하면 보통의 범주를 벗어나는 아주 특별한 사람들이라 생각했다. 그리고 창의성은 그들의 특성으로 특별한 사람들의 전유물이라 생각하여, 나와는 아주 먼 이야기라 생각하게 되었다. 이렇게 창의성에 대해 어느 정도 내려놓고(?) 살고 있었다.

그런데 최근에 AI가 급부상하면서 여기저기서 AI 시

대에 창의적인 인재를 요구한다고 하고, 생성형 AI를 활용한 다양한 포맷의 생성물을 경험하면서 사람들이 AI의 창의성에 대해 이야기하는 상황을 보며 '창의성을 어떻게 봐야 하나?'라고 다시 고민하게 되었다. 이와 같은 고민의 배경에는 초·중등 학교 교육에서의 AI·SW 교육과 필자가 현재 하는 일과 관심 연구 분야의 관련성이 있다. 필자는 현재 대학에서 현직 및 예비 교원을 대상으로 AI·SW 교육 방안을 강의하고, 관련 내용을 연구하고 있다. 강의를 수강하는 학생들은 AI·SW 교육을 위한 다양한 플랫폼을 경험하고, 이를 자신의 전공 과목과 연계한 융합 교육 방안을 탐구한다.

현직 및 예비 교원들의 교육과 연구를 위해 초·중등 학교에서의 AI 융합 교육 사례를 살펴보며, 교육의 목적과 효과로 창의성이 자주 언급되는 것을 알고는 있었다. 그러나 여전히 피상적으로 여겼던 데는 필자가 더 자세히 찾아보지 않고 창의성을 여전히 멀고도 추상적인 무언가로 인식한 탓이 있는 것 같다.

그러던 중에 'AI와 창의 교육'이라는 주제에 관한 이 책의 집필은 창의성을 여러 면에서 더 구체적으로 살펴보게 된 계기가 되었다. 예를 들자면, 창의성이 여러 하위 요소로 구성되어 있어 다양하게 설명될 수 있다는 것,

창의성을 누구나 인정할 만한 대단한 것에서 일상의 작은 변화의 시도까지 여러 수준으로 구분할 수 있다는 것, 창의 교육이 누구나 꾸준한 훈련을 통해 창의성을 함양할 수 있음을 함의한다는 것, 인간의 발달 단계에 따라 기대하는 창의성이 달라질 수 있다는 것, 우리 교육에서 창의성을 꾸준히 다루어 왔다는 것 등이다. 책 집필을 위해 자료를 찾고 정리하며, 지금까지 필자가 추구한 강의와 연구의 방향이 청소년을 위한 창의 교육의 맥락과 닿아 있다는 점을 발견했다.

필자가 관심을 가지고 이 책에서 주로 다루고자 하는 창의성은 일상의 창의성이다. 누구나 일상에서 반짝하고 창의력을 발휘하는 순간이 있다. 그 순간을 알아차리고 의미를 부여하면 작은 창의성을 발현시킬 수 있고, 이런 경험을 반복하면 창의성을 서서히 키워 갈 수 있다. 반면에 그 순간을 알아차리지 못하거나 하찮게 여기면 흘려버리게 된다. 이러한 창의성은 청소년기의 누구나 함양할 수 있고 함양해야 하는 보편적인 특성이며, 청소년들의 창의성 함양을 위해서는 학교 교육의 역할이 중요하다.

이 책에서는 창의 교육을 이야기하며 우리나라의 국가 수준 교육과정을 계속 소환한다. 그 이유는 첫째, 창의 교육이 보편적이고 지속적으로 이루어져야 하기 때문이다. 둘째, 교사가 교육과정에 제시된 창의 교육 요소를 이미 실천하고 있으나 인식하지 못할 수도 있는데, 이를 알아차리게 하고 의미를 부여하기 위해서다. 셋째, 교사가 실천하고 있는 창의 교육을 평가 및 성찰할 때 확인할 기준으로 삼기 위해서다.

사례를 통해 탐구하기

필자는 이 책에서 AI 융합 교육에 관한 다양한 사례를 다루었다. 학교에서의 AI 융합 교육은 AI 시대를 살아갈 평범한 우리의 창의성을 기르는 다양한 방법을 보여 주는 것이라 생각했기 때문이다. 이 책에 제시한 사례는 AI 융합 교육 프로그램의 개발과 실행을 연구한 국내 학술 논문을 참고했다. 이 연구들은 교육 프로그램의 목적 및 목표, 그리고 교육의 효과로 창의성을 다룬다. 학위 논문에 기반한 학술 논문의 교육 사례에서 세부 사항의 확인이 더 필요한 경우에는 해당 학위 논문을 참고했다.

필자가 사례 선정을 위해 논문을 탐색할 때 세운 나름의 기준은 다음과 같다. 첫째, 초·중등 학교 교육 프로그램을 대상으로 한 논문을 선정했다. 다만, 6장의 AI 활용 창의적 산출물 생성 교육(SW 교육)에 한하여, SW 교육의 다양한 수준을 보여 주기 위해 대학생 대상 교육 프로그램을 사례로 선택했다.

둘째, 교사들이 사례로 제시한 논문을 참고하여 해당 교육 프로그램을 시뮬레이션하고, 원하는 경우 자신의 수업에 재구성하여 활용할 수 있을 정도의 구체적 내용을 담고 있는 논문을 대상으로 했다. 필자가 논문에서 확인한 내용은 교육 프로그램에 활용한 AI 요소, 적용 과목, 차시 구성 및 운영 등이다. 먼저 AI 요소에 관한 예를 들자면, AI 활용의 이유와 목적, 수업에 활용한 방법과 고려 사항 등이 있다. 다음으로 적용 과목의 경우, 어떤 과목을 바탕으로 수업을 구성했는지, 혹은 어떤 과목들을 융합했는지 등이다. 이는 차시 구성과 실제 수업 운영과도 밀접하게 관련이 있다. 차시 구성 및 운영의 경우, 교육 프로그램이 몇 차시 분량인지와 어떤 과목이나 활동 시간을 활용해서 운영했는지, 그리고 각 차시의 교수 · 학습을 위한 주요 내용이 무엇인지다. 많은 사례에서 각 차시의 내용과 학생들의 활동 양상까지 자세하게 기술하는 경우가 있으므로, 이를 참고한다면 AI 융합 교육의 설계와 실행에 도움이 될 것이라 생각한다.

셋째, 수업에 참여한 학생들의 정보가 구체적으로 제시된 논문을 대상으로 했다. 필자가 논문에서 확인한 내용은 학교급과 학년, 교육 프로그램 참여 학생의 규모, 참여 학생의 특징 등이다. 참여 학생의 특징은 학생들이 교육 프로그램에 원활하게 참여하기 위해 필요한 지식이나 기술 등을 의미한다. 연구의 범위를 교육 프로그램이나 교육 자료 설계까지로 제한한 경우에는 수업 적용 대상 학생의 학교급 및 학년과 학생의 특징이 명시되어 있는지 확인했다.

마지막으로, AI 융합 교육의 효과와 연구자의 성찰에 관한 내용을 확인했다. 교육의 효과는 양적 자료와 질적 자료를 통해 확인하게 된다. 양적 자료는 연구에 따라 다양한데, 주로 창의적 특성 관련 검사 도구와 만족도 등의 자기보고식 설문조사를 포함하고, 과목에 따라 성취도 관련 문항이나 인식 등의 조사도 포함된다. 이 책에 제시된 사례를 통해 창의적 특성에 관한 검사 도구가 다양하게 개발된 것을 발견할 수 있을 것이다. 또 어떤 사례에서는 활용하는 검사 도구의 하위 요소로 창의적 특성이 포함되는 경우를 발견할 수도 있을 것이다. 여기에서는 지면의 한계로 검사 도구의 명칭, 하위 요소, 출처만 언급하지만, 참고문헌을 통해 각 검사 도구의 명칭, 정의, 하위 요소를 살펴봄으로써 각자가 AI 융합 교육을 통해 추구하고자 하는 창의 교육의 방향성과 효과를 명확히

하는 데 도움이 될 것으로 생각한다. 질적 자료는 교육 프로그램 참여자의 인터뷰, 학생들의 수업 산출물 및 서술식 문항에 대한 답변, 연구자의 관찰 등이 포함된다. 이 책에서는 각 사례에서 수집한 질적 자료의 종류와 주요 내용을 요약했지만, 원문을 통해 질적 자료의 상세한 내용을 확인함으로써 수업의 양상과 학생들의 반응, 수업 준비 및 진행을 위한 고려 사항 등을 파악할 수 있을 것이다.

사례의 특징을 살펴보면, 많은 경우 프로젝트 수업 방식을 활용하고 연구마다 다양한 교수·학습 모형을 사용한다. 따라서 교사들은 진행하고자 하는 수업 방향에 따라 참고하여 활용할 수 있다. 각 사례는 교육 프로그램의 목표나 목표를 반영하는 제목, 차시와 주요 구성, 교육 프로그램에 참여한 학생들의 학교급과 인원수 및 주요 특징, 교육 프로그램에 활용한 AI 요소와 관련 유의사항, 교육 효과 등의 순으로 구성했다. 논문의 핵심 내용을 요약하여 전달하고, 사례의 출처를 포함하여 관련 내용을 확인하는 데 필요한 자료의 출처를 제시하여 더 자세한 내용을 확인하는 데 활용할 수 있도록 했다. 주요 독자는 현직 및 예비 교사와 연구자로 가정하여, 수업 설계 및 운영에 필요한 사항을 위주로 전달하고자 했다. 교사나 연구자가 아닌 독자여도 AI 시대가 요구하는 창의적 인재의 역량 함양을 위한 교육이 현재 교실에서 어떻게 이루어지고 있는지에 관한 정보를 얻게 될 수 있을 것이라 기대한다.

책의 구성

이 책은 열 개 장으로 이루어져 있다. 별도로 영역을 구분하지 않았지만, 다음의 네 개 영역으로 책의 흐름을 구성했다.

첫 번째 영역은 창의성과 창의 교육에 관한 내용이다. 1장에서는 창의성과 창의적 인재의 요소를 살펴보고, 학교 교육에서 관심을 가지고 함양하고자 하는 창의성의 특징과 창의 교육의 방향에 대해 살펴본다. 2장에서는 AI 시대에 달라지는 창의성의 의미와 새롭게 부각되는 인간과 AI의 협업, 그리고 AI 등장으로 달라지는 창의 교육에 관해 살펴본다.

두 번째와 세 번째 영역은 교육 프로그램 사례를 다룬다. AI 융합 교육은 기계학습 중심으로 활발히 이루어지다가, 생성형 AI의 등장으로 새로운 국면을 맞이하고 있다. 3장~5장의 두 번째 영역에서는 기계학습 기반의 AI 융합 교육을 통해 창의성 관련 역량을 함양하는 사례를 살펴본다. AI 요소로 기계학습 기반 교육 플랫폼이나 기존 AI 기반의 SW · 앱을 활용하고, 이 외에도 학생들의 수업에 대한 흥미와 몰입도를 높이기 위해 에듀테크를 추가로 활용하여 창의성 관련 특성의 교육 효과가 향상된 사례들이다. 초 · 중등 교육의 다양한 교과목을 과학 · 수학 · 정보(3장), 국어와 영어 등의 언어 교과(4장), 예체능 교과(5장)로 나누어 살펴본다. 각 장에서 과목, 학교급, AI 요소의 활용 방식, 운영 상황을 다양하게 반영하고자 했다. 각 사례의 주요 특징을 파악하여 다른 교과, 학교급, 주제에서도 응용하여 활용할 수 있다.

세 번째 영역은 창작 활동에 생성형 AI를 활용한 AI 융합 교육 사례를 6~8장을 통해 살펴본다. 생성형 AI가 등장한 후, 일반인들도 다양한 형식(텍스트, 이미지, 음원, 동영상 등)의 산출물을 생성하는 서비스를 활발하게 사용하고 있다. 초 · 중등 교육 분야에서도 생성형 AI 활용에 관한 논의와 시도가 다각도로 이루어지고 있다. 그 중에서 창의적 산출물 만들기에 생성형 AI를 활용하는 교육 사례를 조사했다. 결과물의 특징에 따라 SW 관련(6장), 국어와 영어 중심의 언어 관련(7장), 미술과 음악 중심의 예술 관련(8장)으로 각 장을 구성했다. 일반적으로 활발하게 활용되는 생성형 AI 서비스의 특징을 반영하여, 영어와 미술 교육 사례가 많았지만, 다양한 과목과 주안점을 다루고자 했다.

마지막 영역에서는 AI를 활용한 교육에서 공통으로 생각할 사안을 살펴본다. 9장에서는 AI 활용 교육을 위해 필요한 교사의 역량과 AI 활용 교육의 주요 쟁점, 학교에서 AI를 활용할 때 고려 사항을 살펴본다. 10장에서는 창의성의 측면과 AI 활용 교육의 측면에서 교육평가를 다루고, 교육과정을 기준으로 살펴본다.

01
창의성에 대하여

창의성은 익숙한 단어지만, 다양한 의미와 특성으로 정의된다. 창의성에는 개인적 영역과 교육으로 함양할 수 있는 영역이 공존한다. 사회에서 요구하는 창의적 인재를 양성하기 위해 학교 교육에서도 창의성 함양을 위한 다방면의 연구가 이루어졌다. 우리 교육과정에서도 창의성 교육의 방향을 살펴볼 수 있다.

AI와 1인 창업?

창의성과 창의적 인재의 요소

'창의성'은 누구나 자주 접하는 단어일 것이다. 그래서 그 의미를 잘 알고 있다고 생각하기 쉽다. 그러나 의외로 창의성은 다양한 요소로 구성되어 있어, 창의성을 연구하는 학자마다 창의성을 다양한 개념과 요소로 설명한다(정지은 · 조연순, 2012). 따라서 한 사람이 얼마나 창의적인지를 측정할 때 다양한 특성이 변인으로 사용될 수 있다. 예를 들면, 박춘성과 김진희(2017)는 창의성의 하위요인을 밝히는 연구에서 먼저 여러 창의성 측정 방법을 분석했다. 그리고 인지적 특성으로 유창성, 융통성, 독창성 등이 사용되고, 정의적 특성으로 민감성, 상상력, 과제 집착력, 개방성 등이 사용됨을 확인했다. 그리고 이들의 측정 방법을 서로 비교하여 창의성의 하위요인으로 개방성, 탐구성, 비판적 사고 능력을 선정했다(박춘성 · 김진희, 2017). 이처럼 창의성을 평가하거나 창의성을 함양하겠다는 등의 목적을 가지고 창의성을 봐야 한다면, 먼저 무엇을 창의적이라고 할 것인지 그 개념과 특성을 먼저 고려할 필요가 있다.

한편, 사회의 어느 분야에서나 창의적인 사람, 즉 '창의적 인재'를 요구하고 있다. 현대 사회가 요구하는 '창의성'에는 '역량'의 의미가 부가되어, 한 개인이 자신이 속한 곳에서 새롭고 가치 있는 무언가를 해낼 힘(능력)이 있음을 의미한다(지은림 · 주언희, 2012). 즉, 현재의 우리가 기대하는 창의적 인재는 한 개인의 특성을 넘어 사회적 의미를 담고 있다. 한 사회의 창의적 인재는 그가 속한 사회의 기대와 요구를 반영한다고 할 수 있을 것이다. 따라서 사회가 바라는 창의적 인재를 길러낼 수 있는 교육과 관련된 다양한 연구가 이어져 왔다. 이 책에서는 특히 학교에서의 창의성 교육에 초점을 두고자 하므로, 학교 교육을 통해 함양하고자 하는 '창의적 인재 역량'에 관한 지은림과 주언희(2012)의 연구를 통해 세부 내용을 살펴보고자 한다.

지은림과 주언희(2012)는 창의적 인재 역량을 "자신의 업무나 분야에서 창의적 수행을 통해 탁월한 성과를 산출하는 특성"으로, 창의성에 역량의 개념을 반영하여 정의했다. 그리고 인지적, 정의적, 사회적 특성을 나누고 각각의 하위요인을 제시했다. 첫째, '인지적' 특성은 지적 능력과 사고력에 관한 것으로, 고차적 사고력, 확산적 사고력, 문제 해결력으로 구성된다. 올바른 방향의 문제 해결을 위해 기존 지식과 더불어 새롭고 독창적인 지식을 응용하고 활용하는 종합적인 사고 능력을 의미한다. 둘째, '정의적' 특성은 개인의 성향 및 성격에 관한 것으로, 호기심, 개방성, 감수성, 과제 집착력으로 구성된다. 기존 방식을 벗어나 새로운 접근 방식이나 대상에 관심을 가지고 탐구하며 과제를 끝까지 해내려는 성향으로 볼 수 있다. 셋째, '사회적' 특성은 사회적 환경에서의 역량 발현에 관한 것으로, 사회 가치 추구, 협동 및 배려로 구성된다. 사회 구성원과 교류하고 사회에 기여할 수 있는 유용한 산출물을 양산할 수 있는 역량을 나타낸다(지은림 · 주언희, 2012).

창의성 교육

창의성이 중요한 특징으로 강조되는 만큼, 누구나 내심 타인으로부터 창의적인 사람으로 인정받기를 원한다. 그렇다면 창의성은 선천적인 특징일까, 후천적으로 길러질 수 있을까? 연구자들에 의하면, 창의성은 선천적인 측면이 있지만, 후천적으로 계발되고 신장할 수 있다. 이를 위해 교육적, 사회 · 문화적, 환경적 지원이 필요하다. 이것은 창의성을 교육의 목적으로 삼을 수 있는 바탕이 된다. 그리고 교육에서 창의성을 목적으로 한다는 것은 창의성을 단기간에 획득한다기보다 꾸준한 노력으로 계발한다는 의미다. 창의성 교육은 어떤 상황(혹은 조건)에서 한 개인이 창의적으로 생각하고 행동하며, 창의적인 결과물을 산출할 가능성을 높여 가는 과정을 의미한다(김현정, 2003; 남순현, 2006).

창의적인 사람은 창의성 교육으로 길러질 수 있고, 창의적인 사람을 길러내는 것이 창의성 교육이다. 창의적인 사람과 창의성 교육에 대한 김현정(2003)의 설명을 살펴보자. 창의성 평가에서는 어떤 작업의 결과로 생성되는 '산출물'이 주요한 평가 기준이 된다. 창의적인 사람은 자신의 의도를 가지고 새롭고 가치 있는 산출물을 만들 수 있는 사람이다. 창의적 산출물로 평가받는 것의 특징은 새롭고, 가치가 있다는 점이다. 그리고 그 결과물이 우연히 나타난 것이 아니라 생성을 위한 의도가 바탕에 있어야 한다. 누군가가 이러한 산출물을 만들었을 때 사람들은 그를 '창의적이다'라고 평가한다. 누구라도 자신의 분야나 일에서 새로운 산출물을 만들 수 있으며, 이를 위해서는 자신이 하는 일에 대한 의미를 이해하고, 가치를 부여할 수 있어야 한다. 정리하자면, 창의성 교육이란 "자신의 활동 영역에 대한 지적 안목과 이해를 증진하는 것"으로 설명할 수 있다(김현정, 2003).

한편, 창의성과 창의성 교육을 논할 때는 교육 대상의 특징과 상황을 고려해야 한다. 우리나라의 초·중등 학생이 대상이라면, 한국의 사회문화적 배경, 학교 현장의 특수성, 학생들의 발달 단계에 따른 특징에 대한 이해가 필요하다. 학령기 학생들에게 기대하는 창의성은 성인 전문가에게 기대하는 창의성과 다를 것이고, 또 달라야 한다. 학교에서의 창의성 교육에서는 교수자나 연구자가 창의성의 의미를 어떻게 볼 것인지가 중요하다. 학생들은 자신들의 산출물이 동료나 교사에게서 독창적이거나 유용하다는 평가를 받거나, 자기 스스로 자신의 작업에 새로운 의미를 부여하는 것도 중요하다(남순현, 2006; 정지은 · 조연순, 2012). 앞으로 다룰 다양한 교육 사례에서 교육 프로그램의 마무리 단계에 작품 공유, 상호 피드백, 자기성찰의 과정을 공통으로 포함하는 것을 통해 이를 확인할 수 있다.

창의성 함양을 위한 학교 교육

'창의성'은 우리 교육과정의 주요 키워드 중 하나다. 국가 교육과정인 2022 개정 교육과정을 통해 우리 교육과정에서 창의성이 어떻게 다루어지는지 살펴보도록 한다. 국가 교육과정은 각 학교 교육과정의 기준과 내용을 제시하는 성격을 가지므로(교육부, 2022), 전국 각 학교의 교육과정 개발을 위한 기준이 된다.

우리 교육과정이 추구하는 인간상은 '창의적인 사람'

이고, '폭넓은 기초 능력을 바탕으로 진취적 발상과 도전을 통해 새로운 가치를 창출하는 사람'이다. 학교 교육을 통해 함양하고자 하는 핵심 역량은 '창의적 사고 역량'이고 이 역량은 '폭넓은 기초 지식을 바탕으로 다양한 전문 분야의 지식, 기술, 경험을 융합적으로 활용하여 새로운 것을 창출하는 역량'을 의미한다(교육부, 2022). 여기에서 필자가 주목하는 키워드는 '폭넓은 기초 지식', '융합적 활용', '새로운 것/가치 창출'이다. 우리 교육과정에서는 창의성을 새로운 어떤 것, 혹은 가치를 창출하는 것으로 규정한다. 그 방법은 융합적으로 활용하는 것이며, 융합적 활용의 대상은 폭넓은 기초 지식이다. 우리 교육에서 지향하는 창의성은 아무것도 없는 상황에서 어떤 신기한 것을 갑자기 창조하는 개인의 독특한 특성으로 보지 않는다는 점을 알 수 있다. 오히려 창의성을 후천적으로 기를 수 있다는 관점을 가지고 있다. 그리고 창의력 증진 방법은 학생이 여러 방면의 기초 지식을 획득하고 이를 다양하게 응용하고 활용할 수 있게 하여, 새롭고 의미 있는 결과물을 만들어 보는 경험을 하게 하는 것이라 할 수 있다.

창의성에 관한 중학교 교육 목표는 "학습과 생활에 필요한 기본 능력 및 문제 해결력을 바탕으로, 도전정신과 창의적 사고력을 기른다"로 제시되고, 고등학교 교육 목표는 "다양한 분야의 지식과 경험을 융합하여 창의적으로 문제를 해결하고, 새로운 상황에 능동적으로 대처하는 능력을 기른다"로 제시된다(교육부, 2022). 중학교급에서는 학생들이 학습과 생활면에서 습득한 내용을 바탕으로 문제 해결을 다양하게 시도하는 학습 경험을 통해 창의성을 함양함으로써 창의성 교육을 한다고 볼 수 있다. 고등학교급에서는 여기서 더 나아가 다양한 분야의 융합으로까지 범위를 넓혀 간다고 할 수 있을 것이다. 그리고 이와 같은 창의성 교육은 학생들이 겪게 될 새로운 상황에 주도적이고 능동적으로 대처할 수 있게 하기 위함이라고 할 수 있다.

학교에서 이루어지는 창의성 교육은 교과교육과의 통합이 중요하다. 어떤 주제에 관해 창의적 사고를 하려면 그 영역에 대한 기본적인 지식과 경험이 필요하다. 학생들의 창의성은 학교 교육을 통해 습득한 경험과 지식에 바탕을 두게 된다. 그리고 창의적 사고를 통해 해당 주제에 대한 지식이 깊어지게 된다. 교과교육과 통합된 창의성 교육 방식의 예시는 다음과 같다. 첫째, 교과의 교육과정 목표를 효과적으로 달성할 수 있는 창의적 사고 기술과 전략을 선택하고, 이를 바탕으로 학습 활동을 설계

한다. 둘째, 창의성 계발 모형이나 창의적 문제 해결 모형 등을 수업 전반에 적용하거나, 창의성의 구성 요소들을 교과 지식과 함께 학습할 수 있도록 통합한다. 셋째, 교과 수업 과정에서 교사가 창의성을 촉진할 수 있는 상호작용, 피드백, 수업 분위기 조성에 관한 교수 · 학습 전략을 수립하고 실행한다(정지은 · 조연순, 2012). 이를 통해 교과 지식 습득과 창의성 함양의 교육 효과를 기대할 수 있다. 특정 교과 및 주제와 창의성 함양을 융합한 교육을 통해 수업에서 학생들의 관심과 흥미가 향상되고, 관련 역량을 함양하는 효과를 기대할 수 있다.

참고문헌

교육부(2022). "초·중등학교 교육과정 총론(교육부 고시 제2022-33호[별책 1])".

김현정(2003). "창의성의 개념적 검토". 《교육과정평가연구》, 6(2), 155~170쪽.

남순현(2006). "청소년의 창의성 교육: 사고의 전환인가? 잠재가능성의 실현인가?". 《아동교육》, 15(2), 179~195쪽.

박춘성·김진희(2017). "창의성 측정 방법에 대한 비교: 홀리스틱 교육에서 본 창의성 능력검사와 자기보고식 검사 간의 차이 분석". 《홀리스틱융합교육연구》, 21(1), 63~78쪽.

정지은·조연순(2012). "국내 창의성 교육 연구동향 분석: 창의성 교육의 유형을 중심으로". 《교육방법연구》, 24(4), 659~682쪽.

지은림·주언희(2012). “창의적 인재 역량 측정을 위한 구인 탐색 및 척도 개발”. 《교육평가연구》, 25(1), 69~94쪽.

02
AI 시대, 창의성과 창의 교육

창의성은 AI 시대에도 중요한 가치다. 급격한 변화와 예측 불가능성으로 예상되는 미래 특징은 창의적 사고와 융합적 문제 해결력을 요구한다. AI의 발전은 창의성의 재개념화와 인간–AI의 다양한 관계 정립을 모색하게 한다.

AI와 MBTI?

AI 시대의 창의성

AI 시대에 창의성은 더욱 강조되고 있다. 미래 교육에 대한 논의에서 창의성은 항상 언급되는 항목이다. AI 시대에 창의성이 강조되는 이유는 미래 사회에서 맞이하게 될 문제의 특징에서 기인한다고 할 수 있다. 미래 사회의 특징은 급속한 변화, 불확실성, 다양성과 복잡성의 증대 등으로 표현된다. 미래 사회의 문제는 기존에 경험하지 못한 새롭고, 정형화되지 않았으며, 다양한 영역에 걸친 융복합적인 특징을 가진다. 이와 같은 새로운 유형의 문제를 해결하려면 기존의 정형화된 방식으로는 한계가 있다. 다양한 분야의 지식과 정보를 바탕으로 문제를 이해하고, 해결 방안을 찾을 수 있어야 한다. 따라서 새로운 방식으로 문제를 인식하고 해결 방법을 고안하며 새롭고 독특한 가치를 창출할 수 있는 창의적 문제 해결 역량, 창의 융합 역량이 요구된다(김정연, 2021; 박춘성 외, 2021; 이준 외, 2023).

한편, AI의 발전과 보편화된 사용으로 창의성에 관한 새로운 논쟁이 등장했다. AI가 생성하는 산출물에 대한 평가가 인간의 산출물 이상으로 인정받는 사례가 늘고 있는 것이다. 생성형 AI 기반의 다양한 서비스의 등장으로 다양한 형식의 미디어가 AI 기반으로 손쉽게 생성되어 공유되고 있다.

특히, 문화예술 분야와 같이 인간 고유 영역으로 인식되던 영역에서 AI의 다양한 산출물은 창의성이 인간만의 것인지, AI가 창의성을 갖출 수 있을지와 같은 논쟁을 가속화하고 있다. 디지털 패러다임으로의 전환과 AI 기술의 발전 등은 문화예술 분야에서도 창의성의 개념을 디지털 환경에 맞게 재구성할 것을 요구하는 추세다(윤주한, 2021; 이수진, 2018; 이준 외, 2023; 조병철 · 방준성, 2024).

예를 들면, 윤주한(2021)은 창의성에 대해 '새로운 산물을 산출하는 체계적인 인과적 기능을 수행하는 심적 능력'으로 제시했다. 이재박(2023)은 창의력을 '무엇인가에 대해 생각하고 사고하는 단계'와 '생각을 결과물로 만들어 내는 과정'이라는 2단계로 제시했다. 전자는 '아이디어' 생성에 초점을 맞춘 것이고, 후자는 생성된 아이디어에 따라 결과물을 '생성 및 생산'하는 데 초점을 맞춘 것이다(이재박, 2023). 이들 정의를 살펴보면, 창의성은 체계적인 과정을 통해 산출물의 형태로 발현되고, 그 과정도 절차로 구분하여 제시할 수 있을 정도로 실체가 점점 명확해지는 과정임을 알 수 있다. 이는 추상적으로 인식되던 창의성을 다루는 방식이 구체화되고 있으며, 이를 통해 창의성에 관한 교육적 접근이 더 활발해질 수 있음을 예상하게 된다.

인간과 AI의 협업

생성형 AI 서비스가 일반화되고, 다양한 분야에서 활용됨에 따라 생성형 AI의 도움으로 인간은 창의적 산출물을 위해 요구되는 전문성을 보완할 수 있고, 각 개인이 양적 · 질적으로 개인의 수준을 넘어선 산출물을 생성할 수 있게 되었다. '인간과 AI의 협업'이라는 새로운 창의적 과정을 통해 일반인은 문화예술 창작 활동에 도움을 받을 수 있고, 창작자들은 새로운 아이디어를 생성하고 창의성을 증폭할 수 있다. 즉, AI는 기존 창의성을 확장하는 역할을 하는 셈이다(이준 외, 2023; 조병철 · 방준성, 2024). 인간의 창의성을 증강하는 AI의 역할이 조명되며, 우리는 더 이상 인간과 AI의 대결 구도가 아닌 '관계 정립', '역할 분담', '공존'에 관해 논의하게 되었다.

변현진(2024)은 예술계 전반에서 예술가들이 AI를 활용하거나 AI로부터 영감을 받는 경우가 많으며, 예술가와 생성형 AI의 공동 창조 과정(co-creation)을 통해 예술가들이 독자적 해결이 어렵거나 많이 시간이 소요되던 사안을 효과적으로 해결할 수 있음을 언급했다. 박연

숙(2023)은 인간과 AI의 상호작용과 공동 창의성에 대해 인간과 AI가 각자 영역에서 자신의 몫을 처리하다가 실시간으로 필요한 순간에 상호작용하며 공동으로 과업을 수행하는 방식을 설명했다. 이펜 등(Eapen et al., 2021)은 창의성 증진을 위한 생성형 AI 활용 방안으로 확산적 사고 촉진, 고정관념이나 전문가의 편향 극복, 아이디어 평가 보조 및 아이디어 고도화 지원, 사용자 간 협업 촉진 등의 방식을 제시했다.

한편, 창의적 작업을 위한 인간과 생성형 AI의 원활한 협업을 위해서는 각각의 역할을 정할 필요가 있다. 예를 들면, 인간은 문제 발견, 문제 해결을 위한 아이디어의 가치를 판단하고, 생성형 AI의 산출물을 정교화하는 역할을 할 수 있다. 생성형 AI는 사용자의 아이디어를 촉진하고 이를 위한 영감을 제공하며, 사용자가 구상하는 바를 구체적인 방식으로 구현하는 역할을 할 수 있다(이준 외, 2023). 이는 생성형 AI는 인간의 창조적 작업을 위한 보조 역할을 하며, 사용자의 주체적 의도를 바탕으로 적절한 기획과 조정 절차를 거쳐야 비로소 창의적 결과물이 산출될 수 있음을 의미한다.

AI 시대의 창의 교육

이제 창의성은 사회적 관점에서 더 주목받고 있다. 이는 개인의 다양한 시도와 결과물을 가정과 학교에서 어떻게 다루어야 하는가의 문제로 이어진다. 개인의 창의성이 사회의 자유도에 영향을 받기 때문이다. 창의성 교육을 위해 학교는 학생들에게 다양한 지식, 기능, 태도를 전수하여 창의성 발현을 위한 기초 마련의 역할을 해야 한다. 학생은 마련된 틀에서 다양한 실험과 시도를 할 수 있어야 한다(김재인, 2021). 이를 위해 교사는 교수 · 학습 및 평가를 위한 환경과 방안을 마련해야 한다.

다양한 AI 도구는 학교에서의 창의성 교육에 새로운 교육 환경을 제공하는 역할을 하는 것으로 인식되고 있다. 이준, 정영식, 서순식(2023)은 초 · 중등의 창의성 교육을 창의적 사고 및 실천 경험을 축적하고, 자신의 창의성에 대한 효능감을 높이는 과정으로 보았다. 이들은 생성형 AI가 학습자의 창의성을 증강하는 도구라는 관점에서 학생, 생성형 AI, 교사의 역할을 다음과 같이 제시했다. 먼저 학생은 문제 발견, 문제 해결을 위한 아이디어 탐색, 도출된 아이디어의 독창성과 가치 판단, 최종 결과물 정교화 등의 역할을 하게 된다. 생성형 AI는 학생의 사고 촉진, 영감 제공, 학생의 의도에 따른 결과물 생성 등을 통해 학생의 문제 발견 및 해결의 전 과정을 지원하는 역할을 하게 된다. 이때 교사는 AI에 대한 무분별한 의존성이 생기지 않도록 주의를 기울여야 한다. 그리고 학생들이 생성형 AI를 사용하는 과정에서 가치 판단과 수정, 보완 결정을 할 수 있는 안목을 기를 수 있도록 지도해야 한다(이준 외, 2023). AI 시대에 창의 교육의 중요성이 높아지고 있으며, 창의 교육의 도구로서 AI가 주목받고 있다. 원하는 교육 효과를 얻기 위해 AI의 효과적, 효율적 사용 방안을 탐구해야 한다. 앞으로 살펴볼 다양한 AI 활용 교육 사례에서 연구자들의 AI 활용 방안, 교사-학생-AI의 상호작용과 각각의 역할에 대한 다양한 생각을 알아보게 될 것이다.

참고문헌

김재인(2021). "인공지능 시대, 창의성 개념의 재고찰". 《예술영재교육》, 3(2), 97~120쪽.

김정연(2021). "인공지능(AI)시대 인재 육성을 위한 공감 및 문화적 역량과 창의융합역량과의 관계". 《영재와 영재교육》, 20(3), 103~124쪽.

박연숙(2023). "인간과 인공지능의 상호작용에서 촉발되는 공동 창의성 연구". 《한국영상학회논문집》, 21(3), 45~64쪽.

박춘성 외(2021). "인공지능을 활용한 창의성 연구방법의 가능성 탐색". 《영재와 영재교육》, 20(4), 81~96쪽.

변현진(2024). “예술가-GenAI Co-creation 상호작용 연구모형 설계 – 창작 창의력 증진과 연계하여”. 《상품문화디자인학연구》, 79, 457~469쪽.

윤주한(2021). “인공지능과 문예적 창의성: 허구적 상상력을 중심으로”. 《인문논총》, 78(4), 93~125쪽.

이수진(2018). “인공지능 시대의 예술과 창의성 – 규칙과 변형, 그리고 맥락화”. 《프랑스학연구》, 86, 319~339쪽.

이재박(2023). “생성 인공지능에 의한 ‘창의성의 자동화’가 예술에 미치는 영향에 대한 전망”. 《인공지능인문학연구》, 13, 39~69쪽.

이준·김유진(2023). “AI 생성예술과 게임화 요소가 통합된 미술 교육 모델 개발: 창의적 사고 향상”. 《문화기술의 융합》, 9(3), 425~433쪽.

이준 외(2023). “생성형 인공지능 기반 창의성 증진 교육 방안 탐색”. 《정보교육학회논문지》, 27(5), 611~623쪽.

조병철·방준성(2024). “생성형 인공지능을 활용한 문화예술의 창작과 창의성 평가에 관한 연구”. 《방송공학회 논문지》, 29(5), 596~605쪽.

03
창의성을 기르는 AI 융합 교육: 과학, 수학, 정보 교과

과학, 수학, 정보 교과 기반의 AI 융합 교육을 통해 학생의 창의성과 문제 해결력을 함양할 수 있다. 과목의 특성상 데이터와 AI 원리에 관해 다양하고도 심도 있게 다룬다. 학생들은 교과와 관련된 실생활 문제를 발견하고 AI를 활용하여 해결하는 경험을 통해 AI 기술을 더 깊이 이해하고 적극적으로 활용할 수 있다.

AI와 난임 극복?

정보 과목 중심 AI 이미지 분류

서인선, 윤혜진, 김귀훈(2025)은 중학생을 대상으로 한 AI 교육 프로그램을 개발했다. 교육 목표는 기계학습 중심의 AI를 학습하는 것, AI 학습을 바탕으로 실생활 문제를 해결하는 창의적 산출물을 구현하는 것, 그리고 구현 결과를 공유하는 것이다. 프로그램은 심화학습 모형 기반으로 3단계로 진행되며, 총 6회기의 12차시(1차시는 45분)로 구성되었다. 단계별 내용을 살펴보면, 1단계 '일반적 탐색 활동(1회기, 1~2차시)'을 통해 학생들은 다양한 분야에서 AI를 활용한 문제 해결 사례를 탐색하고, 사례에 적용된 AI 기술과 기계학습 모델을 탐구한다. 2단계 '집단 훈련 활동(2~3회기, 3~6차시)'을 통해서는 실생활 문제 해결을 위한 준비 과정으로 프로그래밍 실습을 한다. 이 수업에서는 자세 분류와 이미지 분류 AI 시스템을 구현하며 기계학습 기반 분류 모델을 이해하고, 데이터 수집과 분류 모델 제작을 실습한다. 3단계 '실제적 문제에 대한 탐구 활동(4~6회기, 7~12차시)'에서는 모둠을 이루어 AI 프로젝트를 진행한다. AI 프로젝트는 3단계 활동으로 구성된다. 첫째, 실생활 문제 발견 및 연구 설계 활동이다. 학생들은 관심 분야에서 문제를 정의한다. 이는 문제 탐색, 발견, 정의, 의미 부여 활동을 포함한다. 다음으로 문제 해결 방향과 문제 해결 과정을 설계한다. 둘째, 문제 해결을 위한 AI 시스템을 구현한다. 앞의 '집단 훈련 활동'에서 실습했던 알고리즘 설계, 데이터 수집 및 기계학습 구현, AI 시스템 구현 활동을 자신이 설정한 문제 해결에 적용한다. 셋째, AI 시스템을 평가 및 보완하고, 산출물에 관한 발표를 준비한다(서인선 외, 2025).

중학교 영재교육원의 정보AI사사 과정 1~3학년 학생 여덟 명이 교육 프로그램에 참여했다. 학생들의 특징을 살펴보면, 프로그래밍 언어 사용 능력은 거의 없음에서 텍스트 언어를 잘 다루는 수준까지 다양하다. AI에 관한 관심은 높은 편이며, 학생 모두 AI 교육에 참여한 경험이 있었다. 수업에 활용할 플랫폼 및 하드웨어는 학생의 AI와 프로그래밍 활용 경험의 다양성과 활동 도구 간 호환성을 고려했다. 먼저, 이미지와 자세 기반 AI 모델 만들기에 티처블머신(Teachable Machine, https://teachablemachine. withgoogle.com/)을 활용했다. 다음으로 AI 프로그래밍에 스크래치(Scratch, https://scratch.mit.edu/)를 활용했다. 이 수업에서는 티처블머신에서 제작한 AI 모델을 활용할 수 있는 확장 기능을 활용했다. 마지막으로 핑퐁로봇(https://roborisen.

com/)을 하드웨어 실습에 활용했다. 핑퐁로봇으로 스크래치와 파이선 등과 연계하여 로봇 실습을 할 수 있다. 교사는 문제 해결에 사용할 AI 요소와 역할을 명확히 규정하도록 지도한다(서인선 외, 2025). 왜냐하면 교사는 학생들이 설계한 AI 시스템이 구현 가능한지를 학생 스스로 검토하여 설계한 내용에 대한 실현 가능성을 높일 수 있도록 지도할 필요가 있기 때문이다.

연구자들은 창의적 자기효능감(Brockhus et al., 2014)과 학습자가 인식하는 학습 경험 및 프로그램 특성에 관한 인터뷰를 통해 교육 프로그램의 효과를 살펴봤다. 학생들은 수업 참여 후에 창의적 자기효능감이 유의하게 향상된 것으로 나타났다. 그리고 인터뷰를 통해 학생들은 '실생활 문제 발견 및 관련 산출물 제작'을 인상 깊은 학습 경험으로, '아이디어와 사고하는 능력'을 향상된 점으로 인식했다(서인선 외, 2025).

과학 과목 기반 AI 이미지 분류

이재호와 이승훈(2023)은 초등학교 과학 과목과 융합한 AI 교육 프로그램을 개발했다. 창의적 문제 해결(CPS, creative problem-solving) 모형을 활용했으며, 블록 코딩 기반 AI 이미지 분류 모델을 만드는 4차시 분량의 수업이다. '동물의 생활' 단원의 '땅에 사는 동물, 날아다니는 동물, 물에 사는 동물, 사막이나 극지방에 사는 동물 분류하기'라는 학습 주제에 대한 단계별 수업 흐름을 살펴보면 다음과 같다. '문제 인식 및 발견(1차시)' 단계에서는 '동물들이 살기 좋은 동물원 시설을 만들어 주기'라는 문제를 스토리텔링 방식으로 제시한다. '아이디어 구상 및 설계(2차시)' 단계에서는 이미지 분류 AI 모델을 활용한 문제 해결 계획을 세운다. 동물의 생김새에 따라 서식지를 구분할 수 있으므로, 동물 모양에 따른 분류 결과를 활용하여 동물원의 시설을 구성할 수 있다. '아이디어 구현(3차시)' 단계에서는 사진 데이터 수집, AI 모델 학습 및 테스트를 진행한다. 모델 개선 과정을 통해 더 나은 분류 결과가 나올 수 있게 한다. '평가 및 공유(4차시)' 단계에서는 학생들이 '동물의 서식지 분류 프로그램'을 발표하고 상호 평가 및 피드백 활동을 한다(이재호 · 이승훈, 2023).

1개 초등학교 3학년 학생 97명, 3개 초등학교 5, 6학년 학생 124명(총 4개교 221명)이 교육 프로그램에 참여했다. 모두 AI 선도학교여서 학생들은 AI 활용 및 융합 교육을 1회 이상 받은 경험이 있으므로, 별도의 AI 기초 소양 교육이 필요치 않았다. 연구자들이 개발한 AI 교육 프로그램의 구조를 바탕으로 하되, 학교마다 주제와 운영 차시에 차이를 두었다. 3학년 학생 대상의 경우 과학 시간에 '동물의 생활' 단원 수업과 연계하여 4차시의 AI 교육 프로그램을 운영했다. 나머지 5, 6학년 학생들은 자율 동아리 시간에 활동했으며, '아이디어 구현' 단계에 피지컬 컴퓨팅 교구(마이크로비트, 코블)를 활용한 구현 과정이 추가됐다. 활용 교구의 특징은 조작이 쉽고, 다양한 센서를 결합한 AI 교육이 가능하다는 것이었으며, 학생들이 활용 경험이 있어 별도의 교구 활용 교육 시간이 필요치 않았다. 과학탐구 단원에서 5개 주제를 선정하여 주제별 4차시씩, 총 20차시 수업을 진행했다. 주제는 AI 음성인식 조명, AI 자율주행 자동차, AI 마스크, AI 분리수거 로봇, 미세먼지 알림이다. 학생들은 블록 코딩 기반의 엔트리를 활용하여 AI 이미지 분류 모델 제작과 프로그래밍을 했으며, 교사는 학생들이 데이터 조사 활동을 통해 데이터가 많을수록 분류 결과에 긍정적인 영향을 미친다는 점을 알 수 있게 했다(이재호 · 이승훈, 2023). 교사는 학습에 필요한 AI 도구와 피지컬 교구에 대한 학생들의 기초 지식 정도를 파악하여 수업 내용에 반영할 필요가 있다.

연구자들은 컴퓨팅 사고력(장준형, 2020), 창의성(전경원, 2011), 자체 제작한 만족도 검사를 통해 학생들의 변화를 살펴봤다. 컴퓨팅 사고력은 추상화, 문제 분해, 알고리즘, 자동화, 데이터 처리 영역으로 구성되었고, 창의성은 유창성, 융통성, 독창성, 탈고정관념, 호기심, 다양성, 민감성, 유머 감각, 개별성 영역으로 구성되었다. 학생들은 수업 참여 후 컴퓨팅 사고력과 창의성이 유의하게 향상되었고, 수업에 대해 대체로 만족한다는 반응이었다(이재호 · 이승훈, 2023).

수치 데이터 기반 – 중학교

이창권, 노하은, 김민정(2024)은 중학생 대상의 수학 및 정보와 AI 융합 수업 모형을 개발했다. 문제 이해 역량 함양을 목적으로 했으며, 이 연구에서는 회귀 분석 모델을 활용하여 해결할 수 있는 실생활 문제를 찾고, 문제 해결을 위해 문제화하는 활동을 중심으로 6차시의 수업 프로그램을 만들었다(이창권 외, 2024).

프로그램은 선택적 과정(1차시), 문제 발견 과정(2~4차시), 문제 이해 과정(5, 6차시)으로 이루어졌다. '선택적 과정'은 본격적 수업을 위한 준비로서, 학생들의 소프트웨어 프로그램 지식과 경험 수준 파악, 수업에 사용할 프로그래밍 언어인 파이선 기본 문법 학습, 일차함수와

선형회귀/기계학습 등의 AI 원리 학습을 진행한다. '문제 발견 과정'은 다시 3단계로 진행된다. 1단계에서 교사가 제시한 발문을 토대로 문제를 인식한다. 2단계에서 문제 해결에 필요한 데이터를 수집한다. 적절한 데이터가 없다면 1단계로 돌아가 문제를 새롭게 찾거나 데이터에 맞게 문제를 수정한다. 3단계에서 문제를 구조화하여 진술하는데, 선형회귀를 통해 해결할 수 있는 형태, 문제의 가치, 문제 해결의 효과 등을 포함하도록 한다. '문제 이해 과정'은 2개 단계로 구성된다. 4단계에서 통계를 활용하여 데이터를 요약하고 데이터 속성 간 관계를 분석하는 등의 데이터 관찰 과정을 거치고, 선형회귀를 위해 데이터를 전처리한다. 5단계에서는 선형회귀로 문제 해결 전략을 수립하고 전체 과정을 정리하여 공유하고 피드백한다. 각 단계의 세부 사항은 수업 모형 설계 원리와 구성요소(교육과정, 학습 지원, 수업 활동, 공유 및 평가)의 상세 지침을 통해 확인할 수 있다(이창권 외, 2024).

연구자들이 제안한 교육 프로그램은 중학생 모두를 대상으로 하지만, 이 연구에서는 수업 모형에 대한 반응성과 효과를 빠르게 확인하기 위해 영재교육원 소속 중학생 6명을 대상으로 수업을 진행했다. 학습자들은 AI에 대한 기본적인 사전 지식이 있었다. 이 사례는 창의적 문제 이해 역량에 초점을 두었다. 그리고 학습자의 문제 발견 및 이해라는 교육 목적을 위해 데이터 관련 작업에 중점을 두었다. 이는 데이터를 학습하고 이를 통해 발전하는 AI의 특징에 기반한다(이창권 외, 2024). 교사는 AI와 데이터 리터러시 교육을 제공할 필요가 있으므로, 선택 과정인 사전 학습에서 본 수업 과정에 필요한 부분을 보충할 수 있다.

연구자들은 교육 프로그램의 효과를 학습자의 반응 평가를 중심으로 분석하기 위해 수업 산출물을 평가하고, 수업 종료 후 학습자 심층 면담을 진행했다. 학습자 반응을 살펴보면, 첫째, 학습자들은 학습한 AI의 원리를 더 정확하게 이해하게 되었고, AI를 활용하여 해결할 수 있는 문제를 직접 찾을 수 있게 되었다고 인식했다. 연구자들은 교육 프로그램을 통해 AI 리터러시, 학습자의 문제 이해 역량, 창의적 사고력 등이 향상될 수 있음을 확인했다. 둘째, 그 외에도 자기효능감과 자기주도성 증진, 교과 지식 향상, 데이터 리터러시 향상 등에 관한 다양한 의견을 수집했다. 한편, 학생들은 1~2단계의 문제 발견 과정에서 문제 선정과 적합한 데이터 탐색에 시간이 많이 소비되었고, 후에 시간 부족으로 이어졌다는 점에서 어려움과 아쉬움을 호소했다(이창권 외, 2024). 프로젝트에서 학생들이 선정하는 문제는 이후 이어질 프로젝트 진행 과정과 결과의 질에 영향을 미치고, AI를 활용한 문제 해결의 핵심이자 결과의 성패로 이어지는 것은 적절한 데이터를 찾는 것이다. 교사는 문제 설정과 데이터 탐색 과정을 점검하고, 학생들이 이 과정에서 너무 많은 시간과 에너지를 쓰지 않도록 지원할 필요가 있다.

수치 데이터 기반 - 고등학교

이은정과 김창석(2024)은 고등학교 선택 과목인 '인공지능 기초'에 기반 데이터 과학 교육 프로그램을 개발했다. 인공지능 기초 과목의 영역별 성취 기준(2015 개정 교육과정 기준)에서 데이터 분석에 관한 내용을 재구조화하여 15차시 분량의 수업을 구성했다. 주요 내용을 살펴보면, 1~2차시는 AI의 개념과 특성, AI 발전에 따른 개인의 삶과 사회의 변화에 대해 학습한다. 3~5차시는 데이터의 속성 알기, 데이터의 종류와 데이터 전처리, 데이터 시각화 등의 활동을 통해 데이터 분석을 체험한다. 6~11차시에는 기계학습의 기초 지식 습득을 위해 기계학습 모델을 만들고 성능 평가 등과 같은 실습을 한다. 머신러닝포키즈(Machine Learning for Kids, https://machinelearningforkids.co.uk/)를 활용하여 분류에 관한 기초 실습을 하고, 브라이틱스 스튜디오(Brightics Studio)를 활용하여 예제 데이터를 이용한 회귀 분석, 분류, 군집화를 실습한다. 12~14차시에는 학습자가 스스로 선정한 주제에 관한 데이터 분석 활동을 한다. 학습자는 실생활이나 진로 등 자신의 관심 분야에 관한 주제를 선정하고, 데이터 속성에 따른 분석 방법을 선정한다(회귀, 분류, 군집화 중에서 선정). 이후 데이터를 수집하고 전처리한다. 이를 활용하여 기계학습 모델을 만들고, 성능을 평가한다. 15차시에는 산출물 공유 및 성찰 활동을 한다. 자신이 만든 기계학습 모델, 데이터 분석 결과와 시사점 등을 공유한다. 자기평가와 동료평가를 통해 학습 과정을 성찰한다(이은정 · 김창석, 2024).

고등학교 1, 2학년 학생 중 방과 후 AI 관련 특강 희망자 25인이 이 수업에 참여했다. 학생들은 AI에 관한 관심도는 높은 편이지만, 친숙도는 보통 수준이다. AI 교육 경험자는 13명 정도다. 교육 프로그램에서는 AI 플랫폼을 두 가지 사용했다. 머신러닝포키즈는 AI 원리 이해를 위한 간단한 분류 체험을 위해 활용했다. 주요 실습은 AI 기반 데이터 분석 플랫폼인 브라이틱스 AI(Brightics AI)의 중 · 고등학생 대상 교육용 PC 버전인 브라이틱스

스튜디오(https://www.brightics.ai/)를 활용했다. 교육 프로그램에서는 학생의 진로와 연계할 수 있는 주제로 기계학습 데이터 분석 모델을 만드는 프로젝트를 실시하고 이를 평가한다(이은정 · 김창석, 2024). 고등학생을 대상으로 하는 교육 프로그램이므로 프로젝트 주제 설정에 '진로'라는 키워드가 강조된 것이라 할 수 있다. 교사는 학생이 AI 기술과 본인의 관심 분야를 연계하여 기계학습 모델을 비롯한 산출물을 만들 수 있도록 지도한다.

연구자들은 융합적 사고력과 데이터 리터러시를 통해 교육 프로그램의 효과를 살펴봤다. 융합적 사고력 검사는 이동영, 윤진아, 남윤경(2020)의 융합적 문제 해결력 검사를 재구성하여 '문제 해결 및 융합적 사고'와 '창의적 사고' 영역의 변화를 살펴봤다. 데이터 리터러시 검사는 장재홍, 김수연, 박인우(2020)의 지식 정보 처리 역량 검사를 재구성하여 '데이터 수집, 데이터 분석, 데이터 활용' 영역의 변화를 살펴봤다. 연구자들은 학생들이 수업 참여 후에 융합적 사고력과 데이터 리터러시의 전 영역이 유의하게 향상된 것을 확인했다(이은정 · 김창석, 2024).

참고문헌

서인선 외(2025). "중학교 정보영재 대상 심화학습 모형 기반의 인공지능 교육 프로그램 개발". 《학습자중심교과교육연구》, 25(2), 145~159쪽.

이동영 외(2020). "융합적 문제해결력 검사 도구". 《한국지구과학회지》, 41(6), 670~683쪽.

이은정·김창석(2024). "인공지능 기반 데이터 과학 교육이 고등학생의 융합적 사고력과 데이터 리터러시에 미치는 영향". 《컴퓨터교육학회 논문지》, 27(8), 99~109쪽.

이재호·이승훈(2023). "CPS 기반 인공지능 교육 프로그램 개발". 《창의정보문화연구》, 9(4), 311~321쪽.

이창권 외(2024). "문제 이해 역량을 위한 창의적 문제해결(CPS) 모형 기반 인공지능 융합 수업 모형(AI-CPF) 개발". 《창의력교육연구》, 24(2), 17~43쪽.

장재홍 외(2020). "초등학교 고학년 학생의 지식정보처리역량 측정도구 개발". 《교육연구》, 78, 9~30쪽.

장준형(2020). "생활 속 문제해결 중심의 컴퓨팅 검사 도구의 개발". 경인교육대학교 교육전문대학원 박사학위논문.

전경원(2011). "K-CTC 초등 창의적 특성검사". 학지사 심리검사연구소.

Brockhus, S. et al.(2014). The influence of creative self-efficacy on creative performance. *Proceedings of the DESIGN 2014 13th International Design Conference.*

04
창의성을 기르는 AI 융합 교육: 국어, 영어 등 언어 교과

언어 교과의 AI 융합 교육 사례를 텍스트 분류하기, 이미지 분류하기, 챗봇을 활용한 영어 글쓰기를 통해 살펴본다. 각각 국어, 중국어, 영어 기반 교육 프로그램이지만 다른 언어 교과에도 적용할 수 있다. 한편 외국어 교육에 AI 챗봇을 활용할 때는 해당 언어에 대한 보다 친밀한 활용 환경을 제공하는 장점이 있다.

AI와 사주?

국어·정보 과목 융합 AI 텍스트 분류

임은선 외(2024)는 국어와 정보 교과를 융합하여 중학생 대상 교육 프로그램을 개발했다. '국어와 정보를 통해 바르고 고운 언어 생활 습관 만들기' 주제의 총 2차시 구성이다. 주요 내용을 살펴보면, 학생들은 국어와 정보 시간에 배운 내용을 바탕으로 AI를 활용해 문제를 해결한다. 1차시 국어 시간에는 주제에 관한 데이터를 수집한다. 2차시 정보 시간에는 엔트리와 스프레드시트를 활용하여 수집한 데이터를 분석 · 해석한다. 엔트리를 활용하여 텍스트 기반 AI 모델을 만들고, 바람직한 언어 습관과 언어폭력에 해당하는 습관을 확인하고 성찰하는 활동을 한다. 연구자들은 교과 간 AI 융합 수업 설계를 위한 교사 간 협업 모형을 만들었고, 국어 교사 1인과 정보 교사 1인이 모형에 따라 수업을 설계 · 운영했다(임은선 외 2024).

중학교 1학년 학생 28명이 교육 프로그램에 참여했다. 교사들은 수업 진행을 위해 스마트기기 활용과 같은 학습 환경을 점검했다. 1차시 국어 수업은 일반 교실에서 태블릿 PC를 사용하고, 2차시 정보 수업은 정보실에서 PC를 사용했다. 학생 1인당 기기 1대를 제공하여, 학생 각자가 기기를 사용하도록 했다(임은선 외 2024).

연구자들은 교육 프로그램에 참여한 교사와 학생의 설문과 면담을 통해 반응을 수집했다. 학생들은 데이터 리터리시 검사(임철일 외, 2022)와 만족도 설문(송유경 외, 2021)에 참여했다. 데이터 리터러시 검사는 데이터 준비, 탐색, 분석 및 해석으로 구성되어 있다. 연구자들은 교육 프로그램을 통해 학생들의 AI와 데이터 관련 이해도와 흥미, 데이터 리터러시가 향상되었고, 특히 하나의 주제에 대해 두 과목에서 함께 수업을 진행하는 융합 수업에 학생들이 관심을 나타내었다고 분석했다. 수업 진행 교사들의 주요 반응을 보면, 우선 교사들은 '언어폭력'이라는 주제에 대해 학생들이 AI와 연계된 실질적인 활동을 함으로써 주제에 관해 직접적인 관심을 가지고 내면화하는 계기가 되었다고 인식했다. 그리고 학생들이 국어-정보 교과 융합 수업에 대한 관심을 바탕으로 적극적이고 성실하게 참여하는 모습을 인상적으로 꼽았다. 한편, 연구자들은 데이터 매개의 교과 간 AI 융합 수업은 기계학습 중심 AI의 핵심인 데이터를 중요하게 다루고, AI 역량 함양을 위한 교육 시수를 확보하며 주제를 폭넓게 다룰 수 있다는 점에서 대안이 될 수 있다고 보았다(임은선 외 2024). 이 프로그램과 같이 교과 간 AI 융합 수업을 할 경우, 교사 간 협업이 필요하다. 이 연구에서는 교사 협업을 위한 주요 단계와 단계별 세부 사항을 제시했다.

중국 문화 과목 기반 AI 이미지 분류

이서이와 한용수(2024)는 고등학교 중국어 교과에 기반한 AI 융합 교육 프로그램을 제안했다. 수업은 선택 교과인 '중국 문화'에서 '중국의 음식 문화'를 주제로 총 3단계로 이루어져 있다. 단계별 주요 내용을 살펴보면, 1단계는 중국 문화 학습이다. '중국의 4대 요리'를 중심으로 지역별 음식 특징과 한국 음식과의 차이를 학습한다. 2단계는 중국의 4대 요리를 주제로 AI 학습 모델을 생성한다. 머신러닝포키즈를 활용하여 학습자들의 수집 자료로 이미지 분류 모델을 만들고 테스트한다. 3단계는 스크래치를 활용하여 이미지 인식 게임을 만든다. 2단계에서 만든 이미지 기반 AI 학습 모델을 연동하여 중국 4대 요리를 구분하는 이미지 인식 게임을 만든다. 다양한 음식 이미지로 테스트하며 인식 결과를 확인한다. 특히 한국의 비슷한 음식과도 비교하며 그 결과에 대해 토의한다(이서이 · 한용수, 2024).

이 연구의 범위는 교육 프로그램을 제안하는 것까지였으며, 연구에서는 예상 학습 대상자, 학습 환경 등을 제시했다. 학습 대상자는 고등학교 '중국 문화' 과목 학습자로 HSK 3급 이상의 중국어를 읽고 쓸 수 있는 수준을 갖추었고, 코딩 등 SW 학습 경험이 있다. 교육 환경으로는 교육용 AI 체험 및 프로그래밍 활동을 위해 PC가 제공되어야 한다. 교육 프로그램에서는 머신러닝포키즈를 활용해 기계학습 기반 이미지 분류 모델을 만들고, 스크래치를 활용하여 프로그램 작업을 한다. 이 교육 프로그램을 통해 학습자는 중국 문화에 관한 교과 학습 내용을 바탕으로 창의적 산출물을 만드는 학습자 중심의 학습을 경험할 수 있다(이서이 · 한용수, 2024). 외국어 교육에서는 문화에 관한 학습을 통해 학생들의 해당 외국어 학습에 관한 흥미와 이해를 높일 수 있다. 이 사례에서는 중국 문화, 특히 중국 음식을 다루었지만 다른 외국어 교육에서 다른 문화적 요소를 활용하여 이와 같은 수업을 구상할 수 있다.

연구자들은 중국의 4대 요리와 비슷한 한국의 음식 이미지를 각각 중국의 요리로 잘못 인식하는 실험 결과를 제시하며, 학습자와 교수자 관점의 교육적 의미를 분석했다. 학습자는 AI 이미지 인식 게임에서 잘못된 인식 결과가 나오는 이유에 대해 분석하는 활동을 통해 해당 학습 주제에 대해 더 자세히 이해하고, AI의 특징과 한계를 인식할 수 있다(이서이 · 한용수, 2024). 교수자는 AI 융합 교육에서 활용 도구의 특징과 한계에 대한 인지가 필요하다. 즉 수업 적용 전에 도구를 활용하여 다양하게 테스트하는 과정이 필요하다. 이를 바탕으로 수업에 필요한 사항을 확인하고, 수업 과정에서 학습자가 경험할 과정과 결과를 예상할 수 있어야 할 것이다.

챗봇 활용 초등 영어 진로 교육

정혜영 외(2024)는 초등 영어 교과에 기반한 3차시 진로 교육 프로그램을 개발했다. 학생들이 영어 교과서의 장래 희망에 관한 문답 표현을 활용하여 미래 직업 경향을 표현한 '2035 가상 직업 박람회(2035 Virtual Job Fair)'를 구성하는 것이다. 주요 내용을 살펴보면, 1차시에는 AI 로봇과 AI 챗봇을 통해 장래 희망을 묻고 답하는 듣기와 말하기 활동을 한다. 2차시는 교사가 사전에 구성한 메타버스의 직업 박람회 공간에 모둠별 부스를 꾸미는 활동이다. 학생들은 모둠을 구성하여 미래 직업에 관해 자료를 조사하고, 부스 구성 규칙(예를 들면, 영어로 작성한 미래 직업 소개 글 포함하기 등)에 따라 부스 꾸미기 활동을 한다. 3차시에는 각 학생이 2035 가상 직업 박람회에 방문하여 각 부스의 콘텐츠를 관람하고, 장래 희망에 관한 다양한 활동을 한다(정혜영 외, 2024).

2개 초등학교의 6학년 학생 275명이 교육 프로그램에 참여했다. 연구에서 제시한 참여 학생들의 특징은 세 가지다. 첫째, 초등학교 3학년부터의 영어 수업 이수 이력을 바탕으로 비교적 다양한 어휘와 표현을 활용할 수 있다. 둘째, 수업 참여에 필요한 AI 도구를 활용할 수 있고, 셋째, 자발적인 수업 참여가 가능한 학년이다. 교육 프로그램에서는 AI 요소인 AI 챗봇과 에듀테크 요소인 메타버스 플랫폼(ZEP, https://zep.us/)을 활용하여 학생들에게 학습자 주도적 영어 학습 환경을 제공하고자 했다. 연구자들은 우리나라의 영어 교육에 대해, 학교에서 과목으로서의 중요도와 비중이 크지만, 학교 밖에서는 영어 사용 기회가 제한된다고 말한다. 그리고 영어 교육 환경의 제한을 극복할 방안으로 에듀테크와 AI 활용을 제시했다. 그중에서 AI 챗봇은 학생에게 영어 사용 기회를 제공하고, 표현의 실수에 대한 부담을 덜어 주는 장점이 있다. AI 스피커는 지능형 개인 비서가 내장되어 있으므로 학생들이 알고 싶은 정보를 요청하는 등의 다양한 작업을 할 수 있다(정혜영 외, 2024).

연구자들은 교육 프로그램의 효과에 대해 교과 요인과 창의성 요인(지은림 · 주언희, 2012)으로 나누어 살펴봤다. 교과 요인은 교과 흥미, 교과 가치, 교과 학습 자기효능감으로 구성되어 있고, 창의성 요인은 고차원 사고력, 확산적 사고력, 문제 해결력으로 구성되어 있다. 학생들은 수업 참여 후에 교과 요인 전반과 창의적 요인 중 문제 해결력을 제외한 영역이 향상된 것으로 나타났다. 그리고 AI 로봇, 챗봇, 메타버스 등을 활용한 수업 활동에 흥미를 느끼는 것으로 나타났다. 연구자들은 에듀테크를 활용한 협력적 프로젝트를 통해 영어 수업은 어렵다는 학생들의 기존 인식을 개선하고, 자발적 · 능동적 참여를 끌어낼 수 있었던 것으로 분석했다(정혜영 외, 2024).

챗봇 활용 고등학교 영어 글쓰기 교육

박명호와 김정렬(2021)은 고등학교 영어 수업 시간의 글쓰기 활동에 챗봇을 활용했다. 수업 주제는 '잡담하기'와 '문제 해결하기'라는 의사소통 기능이다.

영어 수업은 일주일에 4차시, 온라인과 오프라인으로 진행된다. 챗봇 활용 교육은 이 중에서 2차시를 활용했다. 주요 내용을 살펴보면, 1차시는 오프라인 수업으로, 챗봇과 상호작용 글쓰기 수업 내용과 챗봇 활용 방법에 대한 안내, 그리고 챗봇의 시범 활용이다. 2차시는 온라인 수업으로, 학생들은 챗봇과의 상호작용을 통해 교사가 제시한 단계적 쓰기 과업을 수행한다. 학생들은 과업의 순서에 따라 (1) 인사하기, (2) 자기소개하기와 신상정보 알아보기, (3) 직업 알아보기와 AI가 할 수 있는 일 알아보기, (4) AI가 좋아하는 것 물어보기와 인상주의 화가에 관해 물어보기, (5) 감정 표현하고 조언 요청하기를 차례로 진행한다. 학생들은 전체 대화 자료를 구글 문서로 제출한다. 고등학교 1학년 학생 43명이 교육 프로그램에 참여했다. 연구에서 제시한 참여 학생의 특징은 다음과 같다. 첫째, 자신의 스마트폰을 통한 온라인 챗봇 텍스트 대화 진행 환경을 갖추고 있다. 둘째, 이전에 챗봇과의 대화 경험이 없다(박명호 · 김정렬, 2021).

교육 프로그램에서 AI 요소로 자유 주제에 관한 텍스트 기반 대화가 가능한 챗봇인 미추쿠(Mitsuku)와 레플리카(Replika)를 사용했다. 연구자들은 영어 교육에서 챗봇 활용 효과를 다음과 같이 제시했다. 첫째, 학습자에게 영어 사용 환경을 제공하여 학습을 촉진한다. 둘째, 학습자와 상호작용이 가능하여, 학습자가 의미 전달에 초점을 두고 글 쓰기 자체에 집중하게 한다. 셋째, 학습자들은 챗봇과의 일상적 · 개인적 대화를 통해 영어에 대한 친밀감과 흥미를 높일 수 있다(박명호 · 김정렬,

2021). 한편, 교사는 AI 챗봇 활용 수업의 설계와 운영을 위해 수업 목적에 알맞은 챗봇을 선정하고, 수업에서 챗봇 활용 범위를 정하고 학생들이 수행할 과업을 설계해야 한다. 그리고 학생의 챗봇 활용 경험과 숙련도 차이를 고려한 지원 방안, 학생의 진행 상황에 따른 적절한 피드백 제공 방안, 수업 결과물의 수집 및 활용 방안, 평가 방안 등을 마련해야 한다.

연구자들은 학생들이 제출한 대화 자료 문서를 바탕으로 챗봇과 학습자 대화에 사용한 어휘 특성과 대화의 상호작용을 분석했다. 이때 2015 개정 영어 교육과정 기본 어휘, BNC-COCA 25,000 어휘목록(Nation and Webb, 2011), WordSmith 8.0(https://www.lexically.net/), Keyword Extractor 2.2(https://www.lextutor.ca/)를 사용했다. 다음으로 설문을 통해 쓰기 능력 향상과 챗봇과의 대화에 대한 학습자 인식을 조사했다. 학생들은 영어 능숙도에 무관하게 챗봇과의 대화가 영어 쓰기 향상에 도움이 되었다고 응답했다. 연구자들은 학생과 챗봇의 대화 분석 결과에서 학생과 챗봇이 의미 협상을 통해 상호작용을 진행하고, 대화 과정에서 명시적인 언어 형식의 교정이 일어났음을 관찰했다. 학생과 챗봇은 서로의 반응에 따라 원하는 대화를 위해 대화의 형식을 바꾸어 나감을 알 수 있었다(박명호 · 김정렬, 2021).

참고문헌

박명호·김정렬(2021). "AI 챗봇을 활용한 고등학생들의 영어 글쓰기 상호작용 분석". 《학습자중심교과교육연구》, 21(9), 1~13쪽.

송유경 외(2021). "데이터 리터러시 향상을 위한 데이터 기반 토론 수업 모형 및 교수전략 개발 연구". 《교육공학연구》, 37(4), 943~982쪽.

이서이·한용수(2024). "고등학교 《중국 문화》 AI 융합 교수-학습 방안 제안 – 이미지 데이터의 활용을 중심으로 –". 《중국인문과학》, 86, 133~150쪽.

임은선 외(2024). "데이터 리터러시 향상을 위한 교과 간 AI 융합 수업 설계 모형 개발". 《교육정보미디어연구》, 30(1), 155~179쪽.

임철일 외(2022). "초등학생을 위한 데이터 과학 교육 프로그램 개발 및 적용". 《교육정보미디어연구》, 28(2), 319~345쪽.

정혜영 외(2024). "AI 챗봇 및 메타버스를 활용한 초등학교 6학년 영어 프로그램이 영어 교과 요인 및 창의성 요인 신장에 미치는 영향". 《교과교육학연구》, 28(1), 1~15쪽.

지은림·주언희(2012). "창의적 인재 역량 측정을 위한 구인 탐색 및 척도 개발". 《교육평가연구》, 25(1), 69~94쪽.

Nation, I. S. P. & Webb, S.(2011). *Researching and analyzing vocabulary*. Heinle Cengage Learning.

05
창의성을 기르는 AI 융합 교육:
예체능 교과

AI 융합 교육을 위한 도구로 교과 주제에 부합하는 기성의 AI 앱을 활용하여 AI 요소의 기술적 부담은 줄이고 AI 활용의 교육적 효과를 얻을 수 있다. AI 자세 인식과 코딩이라는 동일한 요소가 무용 과목과 만날 때, 음악 과목과 만날 때 서로 다른 양상의 출발점 아이디어와 교육 프로그램이 되는 사례를 확인할 수 있다.

AI와 아이돌?

AI 앱을 활용한 중학교 체육 융합 수업

김현우와 이제성(2021)은 체육 교과를 중심으로 과학과 기술·가정 교과를 융합한 중학생 대상 교육 프로그램을 개발했다. 프로그램은 '건강한 생활 속으로 Start-Up' 주제의 총 4차시 분량이고, 한국과학창의재단의 스팀(STEAM) 프로그램 학습 절차에 따라 상황 제시(1차시)-창의적 설계(2, 3차시)-감성적 체험(4차시)의 순서로 이루어져 있다. 1차시는 지식·정보 처리 역량 함양에 중점을 두고, 청소년의 건강에 관한 생각, 문제 등에 대해 빅데이터를 활용하여 탐색한다. 2차시와 3차시는 창의적 사고 역량 함양 활동이다. 2차시에는 스마트 헬스 케어의 사례로서 체성분 분석기를 활용하여 신체 상태를 확인한다. 3차시에는 건강 관리를 위한 기술의 사례로서 다이어트 카메라 AI 앱으로 자신의 식단을 촬영하여 분석 및 평가한다. 자신의 신체 상태와 운동 처방 원리를 바탕으로 자신에게 알맞은 운동을 처방한다. 4차시는 의사소통 역량 함양에 중점을 두고 앱을 활용하여 건강 관리 다짐에 관한 카드 뉴스 만들기와 건강 관리와 운동 처방 관련 직업과 연계한 진로 활동을 한다(김현우·이제성, 2021).

중학교 3학년 학생 196명이 교육 프로그램에 참여했

다. 체육, 과학, 기술 · 가정 과목 교사 3인이 지도했다. 수업에 활용한 AI 요소는 기성의 다이어트 카메라 AI 앱이다. 학생들은 이 앱으로 식단을 촬영하여 영양소와 섭취량 정보를 획득하여 활용할 수 있다(김현우 · 이제성, 2021). 학생들은 지도 교사의 지시에 따라 수업에 활용하는 스마트기기를 작동하여 정보를 획득하고, 웹사이트에서 정보를 탐색 및 활용할 수 있는 일반적인 디지털 역량이 필요하다.

연구자들은 교육 프로그램 참여 학생과 지도 교사를 대상으로 한국과학창의재단의 스팀 프로그램 만족도 설문을 진행했다. 학생 대상 설문지는 프로그램 만족도, 과학 · 기술 흥미도, 창의적 문제 해결력, 태도, 진로 영역으로 구성되어 있다. 교사 대상 설문지는 스팀 교육 필요성, 프로그램 구성 만족, 수업 어려움, 스팀 교육 효과로 구성되어 있다. 그리고 심층 면담을 통해 만족도와 효과성을 구체적으로 조사했다. 학생들은 AI와 빅데이터 등의 스마트 과학기술을 활용해서 자신의 평소 건강 상태와 식습관에 관한 정보를 알고, 부족한 영양소와 필요한 운동 등을 추천받고, 이를 실천한 것을 흥미로운 경험으로 인식했다. 수업 운영 교사들의 반응을 살펴보면, 첫째, 기존의 앱과 기기를 활용하여 4차시 내에 앱이나 웹의 개발 없이 수업을 진행할 수 있다는 점에서 유익하고 좋은 활동으로 인식했다. 둘째, 최신 경향을 반영하여 AI와 빅데이터 등을 체험하고, 여러 교과 융합을 통해 데이터를 획득하고 분석하는 과정을 유익한 교육 경험으로 인식했다. 셋째, 학생들이 수업에서 다양한 프로그램을 작동하고 시연했던 것을 신선한 경험으로 받아들이고, 수업에 대한 흥미와 관심이 향상된 것으로 인식했다. 넷째, 다만 융합 수업 준비와 수업 연계가 시간적 · 물리적 부담으로 작용한 것으로 인식했다(김현우 · 이제성, 2021). 이 사례를 통해 과목의 특성에 따라 수업에 AI 도구를 새롭게 도입한다는 것에 대한 부담의 정도가 달라질 수 있음을 알 수 있다. 과목 특성과 수업 환경을 고려하여 AI 활용에 따른 부담은 줄이고 교육적 효과를 얻을 수 있는 적정한 선의 AI 도구 선정과 활용이 필요하다.

무용 교과 기반 AI 자세 인식

윤서진(2022)은 초등 무용 교과에 기반한 6차시(1차시 150분) 교육 프로그램을 개발했다. '움직임코딩' 주제로 무용 교과와 AI 코딩을 연계했다. 주요 내용을 살펴보면, 1차시는 코딩과 알고리즘의 기본 개념, 기초 움직임 이해를 위한 활동을 하고, 이를 바탕으로 신체 움직임을 알고리즘과 연계한다. 2차시는 메타버스에서 VR(가상현실) 춤 축제를 체험함으로써 교육 주제에 관한 흥미를 유발한다. 3차시는 움직임을 코딩 활동화하여 제시된 문제를 해결한다. 학생들은 모둠을 형성하여 '청소'라는 문제를 해결하기 위해 모둠원의 명령어로 청소 로봇이 되는 활동을 한다. 각 모둠은 문제 해결을 위한 절차와 과정을 설계하고 청소를 위한 동작(방향, 각도, 횟수)에 대한 명령어 카드를 제작한다. 모둠원이 제시하는 명령어로 움직이는 청소 로봇이 되어 움직인다. 4차시는 개인 활동으로 자신의 무보법을 만들고, 모둠 활동으로 지구, 인간, 환경을 주제로 이야기를 구성하여 옴니버스 예술극장을 창작한다. 5, 6차시는 본격적인 AI 코딩 연계 산출물을 만든다. 5차시에는 산출물 제작을 위해 소프트웨어 기본 원리와 코딩 기술을 습득한다. 이를 바탕으로 자신의 아바타를 만든다. 6차시는 스크래치를 활용하여 AI 기반 모션 감지 프로그램을 만들고 체험 · 공유한다. 학생들은 무보법을 만들고, 모션 감지 프로그램이 자신의 움직임에 따라 동작하는 방식을 확인한다(윤서진, 2022).

영재교육원에 소속된 초등학교 4~6학년 학생 60명

이 교육 프로그램에 참여했고, 주강사와 보조강사 총 10명이 지도했다(윤서진, 2022). 교육 프로그램에 활용된 AI 요소는 자세 분류를 위한 AI 모델 만들기와 스크래치의 AI 블록 활용하기다. 그 외에도 메타버스와 VR 등의 에듀테크 기술을 활용하여 교육 주제에 관한 학습자 흥미와 학습 동기 향상을 도모했다.

연구자는 교수진과 학생, 학부모 대상의 수업 과정 관찰과 촬영 기록물, 심층 인터뷰와 같은 다양한 질적 자료를 분석하여 교육 프로그램의 효과를 살펴봤다. 연구자는 학생들이 움직임 카드를 활용한 언플러그드 활동, 아바타와 AI 모션 감지 프로그램 제작 활동을 통해 무용 수업에 관심과 흥미가 향상되고, 무용에 대해 새롭게 인식하게 된 것으로 분석했다. 교수자들은 다양한 에듀테크를 활용한 무용과 AI · SW 융합 수업 진행을 통해 학습자 흥미 향상, 다양한 교육 대상으로의 확대 적용 가능성과 이를 통한 무용의 가치 확산에 대한 기대를 확인하고, 무용 교육의 잠재력을 발견했으며, 발전된 교육과정을 활용한 교육을 더 많은 학생에게 제공하고 싶은 포부를 나타냈다(윤서진, 2022).

음악 교과 기반 AI 자세 인식

김지혜(2024)는 AI와 미술, 음악을 결합한 통합 예술 교육 프로그램을 개발했다. 처음 10차시 수업이었으나 학생 적용과 전문가 검토 후 15차시 분량으로 최종 개발했다. 교육 프로그램은 AI와 미술 교과 융합의 'AI와 공존하는 사회(1주제, 1~6차시)', AI와 음악 교과 융합의 '몸으로 연주하는 AI 피아노 만들기(2주제, 7~15차시)'라는 2개 영역으로 구성된다(김지혜, 2024). 1주제는 생성형 AI를 위한 활동이므로, 이 장에서는 AI 코딩을 음악 교육과 결합한 2주제를 중심으로 수업 내용을 살펴본다.

'몸으로 연주하는 AI 피아노 만들기'는 음계를 자세로 표현하여 자세 인식 기반 AI 모델을 훈련하고, 움직임을 통해 해당 음을 연주하는 활동이다. 7~8차시에는 데이터의 의미를 학습하고, 모둠 단위로 오감을 활용하여 다양한 데이터 수집 활동을 한다. 9~10차시에는 인식 기술과 기계학습을 활용한 음악 작품을 탐구하고, 손 · 얼굴 · 자세와 같은 다양한 인식 기술을 체험한다. 11~13차시에 학생들은 다양한 움직임 표현 방법을 익히고, 음계를 몸동작으로 표현하는 활동을 한다. 이를 바탕으로 모둠 단위로 AI 피아노 만들기를 위한 데이터 수집 활동을 한다. 각 모둠은 2~3개의 음계와 이를 표현할 자세를 정한다. 티처블 머신을 활용하여 자세 기반의 AI 모델을 만든다. 14~15차시에 학생들은 앞에서 만든 자세 인식 모델을 활용하여 동작을 인식하면 해당 음이 연주되도록 프로그래밍한다. 모둠별로 완성한 AI 피아노를 활용하여 협력하여 연주한다(김지혜, 2024).

초등학교 3~4학년 학생으로 구성된 동아리 학생 15명이 교육 프로그램에 참여했다. 학생 다수는 AI 학습과 미술 연계 AI 학습 경험이 있고, 전원이 10차시 분량의 스크래치 코딩 교육 경험이 있어 블록 코딩 기반 AI 프로그래밍을 할 수 있었다. 한편 교사는 블록 코딩 기반의 순차, 반복, 선택 구조에 관한 사전 학습을 제공했다. 수업에는 자세 인식 AI 모델 개발에 티처블머신, 프로그래밍 도구로 다양한 AI 확장 기능을 지원하는 스크래치 기반의 '댄싱 위드 AI(Dancing with AI, https://dancingwithai.media.mit.edu/)'를 사용했다(김지혜, 2024).

연구자는 AI 기초 지식, AI 활용 능력, AI 개발 능력, AI 윤리 · 가치관 영역으로 구성된 AI 리터러시(양혜민, 2023)와 학생 만족도와 성찰지를 통해 교육 효과를 살펴봤다. 학생들의 AI 리터러시는 전 영역이 연구자가 처음 개발한 10차시 수업 참여 후에 유의하게 향상된 것으로 나타났다. 연구자는 성찰지 분석을 통해 학생들이 음계를 자세로 표현하는 활동은 잘 진행했으나, 이후 AI 모델을 만들고 확인하는 과정에서 어려움을 느낀 점을 확인하여, 학생들이 훈련할 자세를 처음 8개에서 개선 프로그램에는 2개로 축소했다(김지혜, 2024). 이 사례와 같이 학생들이 AI 모델 훈련용 데이터를 직접 만드는 경우, 분류할 클래스의 개수를 적절하게 조절할 필요가 있다. 처음에는 적은 개수에서 시작하여 데이터를 수집하고, 수집 데이터로 훈련한 AI 모델이 성공적으로 동작하는 것을 확인한 후 점차 늘려 가는 방식을 고려할 수 있다.

참고문헌

김지혜(2024). "AI리터러시 함양을 위한 통합예술교육프로그램 개발". 경인교육대학교 교육전문대학원 석사학위논문.

김현우·이제성(2021). "인공지능(AI)과 빅 데이터를 활용한 스팀(STEAM) 프로그램 개발 및 적용 성과". 《한국체육교육학회지》, 26(2), 37~51쪽.

양혜민(2023). "인공지능 리터러시 향상을 위한 STEAM 프로그램 개발과 적용". 서울교육대학교 교육대학원 석사학위논문.

윤서진(2022). "AI 연계 무용교육 프로그램 '움직임코딩' 사례연구". 《한국융합과학회지》, 11(10), 197~206쪽.

06
AI를 활용한 창의적 산출물 생성 교육: SW 교육

생성형 AI가 등장했을 때, 프로그래밍 관련 교육에서 수업 시간 동안 학생들의 실습 지원 및 피드백에 생성형 AI를 활용할 방안에 관한 연구가 다각도로 진행되었다. 생성형 AI를 활용하여 수업 효율을 높이고, 학생들의 문제 해결력과 창의력 함양 효과를 기대할 수 있으나, AI 도구 의존 위험이 있으므로 주체적 활용을 위한 지침이 필요하다.

AI와 야구?

인공지능 수학 교육

이승훈과 고호경(2024)은 고등학교 '인공지능 수학' 과목의 평균제곱오차와 경사하강법 학습을 위한 생성형 AI를 활용한 코딩 교육 자료와 교육 프로그램을 개발했다. 연구에 활용한 학습 주제는 AI 알고리즘에 필수 적용되는 수학적 원리다. 수업은 파이선과 챗GPT를 활용한 프로그래밍 활동으로 학습할 수 있도록 하는 5차시 분량으로 구성했다. 차시별 수업 내용을 살펴보면, 1차시에는 수업 내용, AI 기본 개념, 수업에 활용할 도구인 파이선과 챗GPT를 소개한다. 2, 3차시에는 평균제곱오차를 주제로, 일상생활의 소재인 기상 예측에 관한 내용을 다룬다. 평균제곱오차 개념 이해, 프로그램 구현 및 시각화 활동으로 구성된다. 4, 5차시에는 경사하강법 프로그램 만들기를 통해 학생들이 AI 기술을 직접 시연하면서 AI에 활용되는 수학을 경험하게 한다. 경사하강법 개념 이해, 프로그램 구현 및 시각화로 구성된다. 챗GPT를 활용해 프로그래밍 활동을 하면서 파이선 코드 생성 및 실행, 코드 주석 생성을 통한 코드의 이해, 코드의 부분 수정을 통한 AI의 원리 체험을 할 수 있다(이승훈 · 고호경, 2024).

고등학교 수학 동아리에 소속된 학생 10명(2학년 7명,

3학년 3명)이 참여했다. 학생들은 AI 개념을 알고 있으나, 각 알고리즘의 원리에 대한 이해도는 낮은 편이다. 1학년 정보 시간에 파이선 기초 활용 교육을 이수했으며, 2명은 챗GPT 활용 경험이 있다. 일반 교실에서 노트북을 활용하여 수업을 진행했다. 학생들은 챗GPT를 활용하여 개별화된 피드백과 맞춤형 교육을 경험하고, 이를 통해 코딩 이해도를 높일 수 있도록 했다. 한편, 교사는 수업을 운영할 때 학생들에게 파이선 코드에 대한 별도 지도를 하지 않고, 학생들이 챗GPT를 통해 코드를 생성하고 활용하도록 했다. 파이선은 'AI에 활용되는 수학 원리의 시각적 이해와 체험'이라는 수업 목적을 위한 실습 도구 역할을 한다(이승훈 · 고호경, 2024). 이는 한정된 수업 시간을 고려하여 파이선 학습에 할애되는 시간을 줄일 방안이라고 할 수 있다.

연구자들은 질적 자료(연구자의 참여 관찰, 학생의 다양한 학습 산출물, 회기별 심층 인터뷰 등)를 통해 교육 프로그램의 효과를 살펴봤다. 관찰 내용을 살펴보면, 학생들은 챗GPT에 질문하고 궁금증을 해결하며 수업 시간에 제시된 과업 관련 활동을 어려움 없이 진행하는 모습을 보였다. 학생들은 어떤 결괏값을 제시하는 것보다 시각화를 통해 값을 구하는 과정을 보여 주는 코드에 더 관심을 나타냈다. 필요한 경우, 옵션 수정을 통해 결괏값의 변화를 관찰하며 실험하기도 했다. 학생들은 챗GPT에 관해, 학습에 관한 관심에 기반하여 주도적으로 활용해야 하고, 학습의 보조 수단으로 활용해야 하며, 과도하게 의존하면 오히려 역효과가 발생할 수 있다는 인식을 나타냈다. 연구자들은 이 수업을 통해 학습자 맞춤형 피드백 제공을 통한 개별화 학습의 가능성을 확인하고, 기존 파이선 활용 수학 수업에서 나타나는 '코딩 방법만 학습'하는 한계를 벗어난 것으로 평가했다(이승훈 · 고호경, 2024). 이는 챗GPT 활용으로 학생들이 수학 알고리즘 구현을 위한 코딩 시간을 줄일 수 있었고, 이 시간을 수학 개념의 이해에 할애할 수 있었음을 의미한다.

대학교 교양필수 코딩

김완섭(2023)은 대학 신입생을 위한 챗GPT를 활용한 기초코딩 교과목을 개발했다. 총 15주 강의에서 학생들은 1~4주차는 파이선 코딩을 위한 기초 내용을 학습하고, 5주차부터 생성형 AI를 적극 연계한다. 주요 내용을 살펴보면, 5주차는 생성형 AI 서비스에 가입한다. 6주차는 생성형 AI 활용 기본 실습이다. 학생들은 이전 학습 내용에 관한 문제를 생성형 AI를 활용하여 해결해 보고, 미흡한 부분은 관련 내용을 복습하여 보완한다. 7주차와 9주차에 교수자는 과제를 내주며 생성형 AI 활용을 허용하되, 학생들이 스스로 문제 해결을 시도한 후 필요시 생성형 AI의 도움을 받는 활용 방식을 제시한다. 팀 프로젝트 활동으로 이루어지는 11~15주차에 학생들은 프로젝트 전반(문제 발견, 코딩, 디버깅, 주석 처리 등)에 생성형 AI를 적극 활용하여 과제를 수행한다(김완섭, 2023).

대학 신입생 대상 교양필수 기초코딩 과목의 7개 분반에 소속된 2,913명이 강의를 수강했다. 학생들의 전공 계열은 다양하다. 학생들은 파이선 코딩 문제 해결에 챗GPT를 연계하고, 팀 프로젝트를 수행할 때는 산출물의 완성도 향상을 위해 챗GPT를 적극 활용했다. 연구자는 대규모 코딩 관련 강의에서 발생할 수 있는 한계를 효율적으로 극복할 방안으로 챗GPT 활용이 긍정적일 것으로 분석했다. 한편, 연구자는 교수자가 강의 흐름을 고려하여 챗GPT 사용 시기와 방식에 관한 기준을 정하여 안내해야 함을 강조했다. 챗GPT와 같은 AI 기반 서비스의 무분별한 권장이 학생들의 서비스에 대한 의존도를 높여 오히려 코딩 이해도와 역량 계발을 저해할 수 있기 때문이다(김완섭, 2023).

학생들은 수업 시간에 소개되는 도구를 선택이 아닌 필수로 인식할 수 있다. 그리고 새로운 AI 도구를 활용하면 같은 과업을 수행할 때 들이는 시간과 노력을 줄여 이득을 본다고 생각할 수 있다. 하지만 교수자는 학생들이 일정 시간과 노력을 투입하는 과정에서 훈련해야 할 기술이나 역량이 있지는 않은지를 살펴보고, 이를 놓치지 않아야 할 것이다.

연구자는 교육 프로그램의 효과를 분석하기 위해 챗GPT를 적극 사용한 분반 그룹과 기존 방식으로 수업한 분반 그룹을 구분하고, 두 그룹의 강의 만족도, 챗GPT 사용 능력 향상 정도, 챗GPT 향후 추천 정도를 설문으로 조사했다. 분석 결과, 적극 활용한 그룹의 강의 만족도, 챗GPT 사용 능력 향상 정도 및 향후 추천 정도가 유의하게 높은 것으로 분석되었다. 학생들은 서술 의견을 통해 정보가 부족한 학생이 챗GPT를 활용해 코딩 정보를 습득하는 것, AI와의 상호작용을 통한 코딩 작업을 하는 것에 대해 긍정적 인식을 나타냈다. 반면, 코딩 수업에 챗GPT를 활용하는 것은 편리하지만, 스스로 문제를 해결하는 데에는 부정적으로 작용할 것이라는 인식을 보였다(김완섭, 2023).

전공자 짝 프로그래밍

황혜민과 이장원(2025)은 대학교의 소프트웨어와 프로그래밍 교육 유경험자 대상의 챗GPT 활용 짝 프로그래밍 실습 전공 수업을 개발했다. 기존 짝 프로그래밍은 학생이 짝을 이루어 실습하는 방식인데, 이를 챗GPT와 상호작용하는 방식으로 바꾸었다. 16주 강의 중에서 2차시를 적용했다. 수업은 어텐션(Attention) 메커니즘과 오브젝트 디텍션(Object Detection)에 관한 내용이고, 파이선과 딥러닝 프레임워크(PyTorch)를 활용한다. 학생들은 챗GPT와 짝을 이루고, 코드를 작성하는 '운전사(driver)'와 코드를 검토하고 피드백하는 '항해사(navigator)' 역할을 일정 시간 주기로 번갈아 맡으며 작업한다(황혜민 · 이장원, 2025).

학부 컴퓨터교육과의 인공지능 교과목 수강생 19명이 참여했다. 학생들은 AI에 호의적이고 관심이 높으며, 프로그래밍과 AI 활용 경험이 있어 챗GPT 활용에 어려움이 적은 편이다(황혜민 · 이장원, 2025). 일반적인 교육현장에서 교수자들은 생성형 AI 활용에 대한 학생들의 경험과 숙련도를 파악하여 효과적인 프롬프트 작성법을 포함한 AI 활용 교수 · 학습 전략을 수립하여 학생들을 체계적으로 지원해야 한다.

실습 초기에 챗GPT에 '경험이 풍부한 AI 엔지니어'라는 역할을 부여하고, 이후 할 일로서 '운전사-항해사 모델 활용 프로그래밍 수행'을 명시했다. 연구자들은 짝 역할을 생성형 AI가 할 때 장점으로 첫째, 학생들에게 짝 프로그래밍의 장점을 활용할 수 있는 비교적 공평한 조건을 제공할 수 있고, 둘째, 생성형 AI의 응답과 피드백이 학생 수준과 특성에 부합할 수 있음을 제시했다(황혜민 · 이장원, 2025).

연구자들은 교육 프로그램 참여 후 학생들의 컴퓨팅 사고력(창의력, 알고리즘 사고력, 협동성, 비판적 사고, 문제 해결 능력), 학습 동기(개인의 태도 및 기대치, 도전적인 목표, 명확한 방향성, 보상 및 인정, 사회적 압박과 경쟁), 프로그래밍 자기효능감(기능 이해, 활용, 디버깅, 코드 리터러시 능력, 흥미)의 변화를 살펴보기 위해 각각 일마즈와 일마즈(Yilmaz and Yilmaz, 2023), 로 등(Law et al., 2010), 김갑수(2014)의 검사 도구를 재구성하여 사용했다. 수업 참여 후 학생들의 변화를 살펴보면, 컴퓨팅 사고력의 하위 영역에서 창의력, 알고리즘 사고력, 문제 해결 능력이 유의하게 향상되었다. 프로그래밍 자기효능감의 하위 영역에서 활용과 코드 리터러시 능력이 유의하게 향상되었다. 반면, 학습 동기는 향상되었으나 유의한 정도는 아니었다. 심층 인터뷰에서 AI와의 상호작용을 통한 능동적 학습이 가능했다는 긍정적 평가를 확인했다. 예를 들자면, 이론 수업과 실습의 간극을 채우는 데 시간을 절약할 수 있는 점, 궁금한 점을 자유롭게 물어보고 확인할 수 있는 점, 알고 싶은 개념에 대해 질문하여 코드 예시를 즉각 받아 볼 수 있고 직관적 설명을 얻을 수 있다는 점 등이 있다. 한편, 생성형 AI를 보조 도구로 활용할 때 자신감이 향상될 수 있다는 점, 생성형 AI가 가끔 잘못된 대답을 제시하기도 하는 점, 프롬프트 엔지니어링의 중요성을 깨달았음 등의 의견도 제시되었다(황혜민 · 이장원, 2025).

참고문헌

김갑수(2014). "컴퓨터 프로그래밍 언어 교육에서 자기 효능감 척도 개발 및 적용". 《정보교육학회논문지》, 18(1), 111~120쪽.

김완섭(2023). "교양필수 기초코딩 교과목에서의 ChatGPT 활용에 대한 교육 효과 연구". 《교양교육연구》, 17(5), 113~123쪽.

이승훈·고호경(2024). "ChatGPT와 파이썬을 활용한 《인공지능 수학》의 최적화 교수·학습 자료 개발 연구". 《수학교육 논문집》, 38(3), 459~486쪽.

황혜민·이장원(2025). "AI 기반 짝 프로그래밍 기법을 활용한 프로그래밍 수업모델 설계". 《컴퓨터교육학회 논문지》, 28(2), 13~22쪽.

Law, K. M. et al.(2010). Learning motivation in e-learning

facilitated computer programming courses. *Computers & Education, 55*(1), pp.218~228.

Yilmaz, R. & Yilmaz, F. G. K.(2023). The effect of generative artificial intelligence (AI)-based tool use on students' computational thinking skills, programming self-efficacy and motivation. *Computers and Education: Artificial Intelligence, 4*, 100147.

07

AI를 활용한 창의적 산출물 생성 교육: 언어 교육

생성형 AI 서비스 중에서 텍스트 기반 방식은 가장 널리 사용되는 유형이다. 언어 교육 영역에서는 생성형 AI의 다양한 텍스트 처리 기능에 관심을 가지고, 교육적 활용 방안을 모색하고 있다. 설득하는 글과 창의적인 글을 창작하는 과정에서 생성형 AI의 텍스트 처리 기능을 다양하게 활용할 수 있다.

AI와 윤동주?

초등 토론 수업

유정오와 김주현(2025)은 초등 국어 교과에 기반한 생성형 AI 활용 토론 교육 프로그램을 만들었다. 토론 절차는 크게 3단계(토론 준비하기, 토론하기, 토론 성찰하기)로 구성된다. 교육 프로그램은 1단계 토론 준비하기와 2단계 토론하기를 중심으로 총 10차시로 이루어졌다. 학생들은 사회자, 판정단, 찬성측 모둠, 반대측 모둠을 구성하여 활동한다(유정오 · 김주현, 2025).

1단계 '토론 준비하기'에서 1~2차시에는 토론의 개념, 토의와 토론의 공통점과 차이점, 토론의 필요성을 이해한다. 3~4차시에는 토론 참여자 역할, 토론 절차, 토론 방법을 숙지하며, 정보 탐색에 생성형 AI[뤼튼(wrtn)]를 활용한다. 2단계 '토론하기'는 다시 '주장 펼치기 →반론 · 반박하기 → 주장 다지기 → 평결하기'의 세부 단계로 구성된다. 토론 문제의 적절성, 주요 쟁점별 주장과 근거 도출, 반론 · 반박하기에 뤼튼을 활용한다. 5~6차시에는 토론 주제 제안 및 선정, 토론 조 편성, 토론 주제 분석(주제 관련 용어와 개념, 토론 쟁점 파악), 주장과 근거 준비 활동을 한다. 학생들은 자신 주변에서 주제를 탐색하여 제안하는데, 연구에서는 '초등학교에 무인 매점 설치 필요성'을 적용 사례로 제시했다. 7차시부터는 본

격적인 토론 활동이다. 7~8차시에는 사회자가 설명한 논제에 따라 찬성측과 반대측 모둠이 주장을 펼치고 반론 · 반박한다. 9~10차시에 판정단은 찬성측과 반대측 모둠에 질문하여 평결을 위한 논리를 점검한다. 반대측과 찬성측은 각각 주장을 다지고, 마지막으로 판정단이 판결한다(유정오 · 김주현, 2025).

초등학교 5, 6학년 학생 중 자발적 참여자 10인이 수업에 참여했다. 토론 활동 참여 경험을 살펴보면, 5학년 학생들은 0회, 6학년 학생들은 1회이고, 토론 흥미도는 높은 편이었다. 학생들은 '역할극'과 '생각의 사슬'이라는 프롬프트 엔지니어링 전략을 바탕으로 교육 프로그램 전반에 뤼튼을 다음과 같이 다양하게 활용했다. 첫째, '토론 상대자'로서 디지털 소통의 상대자로 활용했다. 둘째, '토론 내용 검토자'로서 자신의 생각과 생성형 AI가 생성한 답변을 비교하며 토론 내용 정교화에 활용했다, 셋째, '토론 문제 해결 조력자'로 토론 과정에서 난관에 부딪혔을 때 긍정적인 피드백을 제공하는 도우미로 활용했다. 만 14세 미만인 초등학생은 보호자 동의하에 회원 가입 후 뤼튼을 활용할 수 있으므로, 교사는 학생들의 보호자 동의를 받았고, 학생들의 뤼튼 가입과 활용을 지도했다(유정오 · 김주현, 2025). 생성형 AI 서비스에 따라 회원 가입 및 활용에 나이 제한과 사용상의 제약이 있음을 염두해야 한다. 특히 초등학생과 중학생 대상 교육 프로그램에서는 활용 준비와 실제 활용 과정에서 교사의 세심한 주의가 필요하다.

연구자들은 정서적 · 인지적 · 사회적 효능감으로 구성된 토론 효능감 검사(전수진, 2022)를 통해 교육 프로그램의 효과를 살펴봤다. 학생들은 수업 참여 후에 토론 효능감의 전체 영역이 유의하게 향상된 것으로 나타났다. 이는 토론 활동에서 생성형 AI 활용이 학생들에게 긍정적인 의사소통 경험을 제공할 수 있음을 의미한다(유정오 · 김주현, 2025).

고등학교 영어 그림책 만들기

황보은과 배지영(2024)은 고등학생 대상의 영어 교과 기반 교육 프로그램을 만들었다. 생성형 AI를 활용한 영어 그림책 제작 프로젝트 수업으로 총 15차시 구성이나, 사전 · 사후 평가와 설문조사를 실시한 1차시와 15차시를 제외하면 실제 수업은 13차시로 이루어진다. 세부 내용을 살펴보면, 2차시에는 사전 활동으로 영어 전기 그림책을 읽고, 전기 그림책 제작을 위한 주요 방법을 익힌다. 3~4차시에는 영어권 문화 주제를 선정하고, 6컷 분량의 플롯을 구성한다. 5차시에 6개 장면에 대한 그림을 그리고, 6~8차시에는 글을 작성한다. 9~11차시에는 고쳐 쓰기와 오류 수정 작업을 한다. 12~13차시에는 오디오북을 만들고, 14차시에는 발표를 한다. 글쓰기와 그림 그리기에 생성형 AI를 활용했다(황보은 · 배지영, 2024).

고등학교 3학년 학생 23명이 교육 프로그램에 참여했다. 학생들은 주에 3차시씩 영어권 문화 진로선택 과목을 수강한다. 주제 선정과 이야기 초안 작성 및 수정에 텍스트 생성 AI(챗GPT, Bing chat)를 사용했다. 삽화 제작에 이미지 생성 AI(Image creator)를 사용했다. 오디오북 제작에 AI 도구(클로바 더빙)를 사용했다(황보은 · 배지영, 2024). 학생들은 그림책 만들기 전 과정에서 목적에 따라 다양한 AI 도구를 활용함으로써 영어 그림책 제작 작업의 효율성 제고와 디지털 리터러시 향상을 기대할 수 있었다.

연구자들은 교육 프로그램의 효과성을 확인하기 위해 그림책 쓰기의 텍스트 작업과 오디오북 제작에 AI 도구를 활용한 실험집단과 AI 도구를 활용하지 않은 통제집단 간 영어 읽기와 쓰기 능력, AI 리터러시, 자기효능감의 변화를 비교했다. 두 집단 모두 삽화 제작에는 이미지 생성 AI를 사용했다. 연구자들은 수업 교재와 교육과정의 성취 기준을 이용하여 영어 읽기와 쓰기 능력 검사 문항을 자체 제작했고, AI 리터러시(인지적 · 기능적 · 정의적 영역)는 김한국의 연구(2023)를 참고했으며, 자기효능감 검사 문항은 교육과정 성취 기준을 이용하여 자체 제작했다(황보은 · 배지영, 2024).

분석 결과, 실험집단은 통제집단보다 쓰기 능력, AI 리터러시의 전 영역, 자기효능감의 향상 정도가 유의하게 큰 것으로 나타났다. 연구자들은 AI 도구의 피드백 제공이 학생들의 창의적 글쓰기 과정에 유의미한 학습 경험을 제공하여 영어 쓰기 실력 향상에 실질적 도움을 제공한 것으로 해석했다. 자기효능감의 경우, 개방형 설문에서 다양한 단어와 표현을 접하고, 외우고, 읽는 과정을 통해 영어 문장 구조 파악 능력과 어휘 능력이 향상된 것으로 나타났고, 학생들은 AI 도구를 활용하여 글을 수정하고 완성하면서 자신감을 얻었다고 응답했다(황보은 · 배지영, 2024). 이를 통해 생성형 AI가 창의적 글쓰기 과정에서 학생들의 학습 동기와 흥미를 유발하고, 학습 효과를 높이는 효과적인 도구로 활용될 수 있음을 알 수 있다.

초등 과학 동화책 만들기

최일훈과 심재호(2023)는 초등 과학 교과에 기반한 4차시(1차시 40분) 교육 프로그램을 개발했다. 주제는 '생성형 AI를 활용한 과학 동화책 만들기'이고, 중심 활동은 과학 글쓰기와 시나리오 구성이다. 주요 내용을 살펴보면, 1차시에는 학생의 평소 관심 분야를 바탕으로 지식을 탐색하고, 수집 내용을 정리하여 주제를 정한다. 2차시에는 동화책의 내용 요소 선정을 위한 탐색 활동을 하고, 시나리오 작성 계획을 세운다. 탐색한 지식은 과학적 오류 여부를 검증한 후에 활용한다. 3차시는 과학 동화책 쓰기 활동이다. 글쓰기, 삽화 제작, 동화책 내용 점검 · 보완 활동으로 구성된다. 4차시는 작품 발표, 전시회를 통한 공유, 작품 평가 · 공유와 후속작 계획 등의 성찰 활동으로 구성된다(최일훈 · 심재호, 2023).

영재교육원 소속 5학년 4개 학급의 학생 60명이 교육 프로그램에 참여했다. 학생들은 교사의 시범과 안내에 따라 생성형 AI를 활용할 수 있고, 웹사이트에서 필요 내용을 검색하여 활용할 수 있는 디지털 역량이 필요하다. 수업에서는 지식 탐색에 뤼튼, 삽화 제작을 위해 캔바(Canva)를 활용했다. 연구자들은 수업에서 생성형 AI의 역할을 학습자의 부담을 덜어 주는 역할과 비계 역할로 한정했다. 따라서 학생들은 주제에 관한 지식을 탐색하여 아이디어를 촉진하고, 동화책의 삽화를 생성하는 등에 한정하여 생성형 AI를 활용하게 된다. 과학 글쓰기 수업의 주요 활동인 창의적 글쓰기와 시나리오 구성은 학생이 스스로 수행한다(최일훈 · 심재호, 2023). 교사는 생성형 AI 활용법과 수업에서의 활용 범위를 지도하고, 학생이 탐색한 내용을 검증하는 역할을 한다.

연구자들은 교육 프로그램의 효과를 확인하기 위해 자기효능감(김재호, 2006)과 창의적 문제 해결력(황성진, 2015)의 변화를 살펴봤다. 자기효능감은 자신감, 자기조절 효능감, 과제 난이도로 구성되어 있다. 창의적 문제 해결력은 특정 영역의 지식, 사고 기능, 기술 이해 및 숙달, 확산적 사고, 비판적 · 논리적 사고, 동기적 요소로 구성되어 있다. 학생들은 수업 참여 후에 자기효능감과 창의적 문제 해결력 전반이 유의하게 향상되었고, 수업 만족도와 흥미도 긍정적인 영향을 받은 것으로 나타났다. 연구자들은 학생들의 자기효능감 향상에 미친 영향으로 생성형 AI 활용을 통한 단계적 성취 경험과 생성형 AI와의 문답 분석 과정을 의미 있게 봤고, 창의적 문제해결력 향상에서는 학생들이 자신의 지식과 생성형 AI 산출 결과를 대조하여 해결 방안을 찾는 과정을 의미 있게 분석했다(최일훈 · 심재호, 2023). 교사가 생성형 AI의 질문과 활용 범위를 적절하게 한정하여 제시한 것이 학생들의 효과적인 프롬프트 활용에 도움이 되었고, 학생들의 만족도에도 긍정적으로 작용한 것으로 볼 수 있다.

초등학교 극본 만들기

황윤성과 정인기(2023)는 초등 국어 교과에 기반하여 창의적 체험 활동과 도덕 과목, AI를 융합한 교육 프로그램을 개발했다. 교육 목표는 "연극과 AI에 대해 알아보고 생성형 AI(뤼튼)를 활용하여 극본을 만들고 낭독할 수 있다"이고 4개 영역 13차시 분량이다. 영역별로 살펴보면, 1영역은 연극 이해(4차시, 국어), 2영역은 AI 이해와 생성형 AI 활용(3차시, 창의적 체험 활동), 3영역은 생성형 AI를 활용한 연극 대본 집필 계획 수립과 작성(4차시, 국어), 4영역은 활동 평가와 AI 윤리 성찰(2차시, 도덕)이다. 과목별로 살펴보면, 국어 시간에는 연극 단원 교과 활동 8차시, 창의적 체험 활동 시간에는 생성형 AI 관련 활동 3차시, 도덕 시간에는 AI 윤리 성찰 연계 활동 2차시를 배정했다(황윤성 · 정인기, 2023). 2영역부터 AI 요소가 적용된다.

초등학교 6학년 23명이 참여했다(황윤성 · 정인기, 2023). 수업에는 뤼튼을 활용했으며, 네 가지 프롬프트 전략을 활용했다. 첫째, 인격 부여(AI에게 극중 인물 역할 부여), 둘째, 상황 제시(부여한 인격에 상황을 제시하여 구체적인 이야기를 얻음), 셋째, 원하는 형식 출력(극본, 소설, 시 등 원하는 형식으로 이야기를 바꾸어 출력), 넷째, 피드백(세밀한 부분 보완, 오류 등 수정)이다(황윤성 · 정인기, 2023). 학생들은 교사의 시범과 안내에 따라 생성형 AI 활용 방법을 이해할 수 있고, 교사가 제시하는 다양한 프롬프트 전략을 활용할 수 있는 디지털 역량이 필요하다. 교사는 학생들의 AI 사용 정도를 살펴 기초적인 프롬프트 활용 활동을 제시할 필요가 있다. 또한 연극 수업의 단계에 따라 적절한 프롬프트 예시를 제공하여 학생들이 연극 대본 작성 계획을 세우고, 수업 목표에 도달할 수 있도록 지원해야 한다.

연구자들은 교육 프로그램의 효과를 살펴보기 위해 AI 사회적 역량, AI 실행 계획, AI 문제 해결, AI 이해, AI 윤리 영역으로 구성된 AI 리터러시(김성원 · 이영준, 2022) 변화와 관찰 및 포트폴리오 평가를 활용했다. 학생들은 수업 참여 후에 AI 리터러시에서 AI 문제 해결, AI 이해, AI 윤리 영역이 유의하게 향상되었다. 학생들은 생성형 AI를 활용한 연극 수업에 적극적으로 참여했고, 수업 반응도 좋았던 것으로 나타났다. 연구자들은 생성형 AI 활용이 AI 리터러시, 언어 능력, 디지털 리터러시 함양에 효과적일 것으로 예상했다. 한편 초등학교 5~6학년군에서 소프트웨어 교육을 위한 시수로 AI 교육까지 하기가 부족한 상황에서 다양한 교과와 융합된 AI 수업이 대안이 될 수 있다는 의견을 제시했다(황윤성 · 정인기, 2023).

참고문헌

김성원·이영준(2022). “중학생의 인공지능 리터러시 검사 도구 개발”. 《한국컴퓨터정보학회논문지》, 27(3), 225~238쪽.

김재호(2006). “초등학생의 가족체계와 자기효능감 및 진로태도성숙의 관계”. 서울대학교 박사학위논문.

김한국(2023). “고등학생을 위한 AI리터러시 측정도구 개발”. 가천대학교 교육대학원 석사학위논문.

유정오·김주현(2025). “생성형 AI를 활용한 국어과 토론 수업이 토론 효능감에 미치는 영향”. 《대한질적연구학회지》, 10(1), 90~103쪽.

전수진(2022). “토론 효능감 함양을 위한 토론 준비교육 연구”. 서울교육대학교 교육대학원 석사학위논문.

최일훈·심재호(2023). “생성형 인공지능을 활용한 과학 동화책 만들기가 초등과학 영재 학생의 자기효능감과 창의적 문제해결력에 미치는 영향”. 《과학영재교육》, 15(3), 419~429쪽.

황보은·배지영(2024). “생성형 AI를 활용한 영어 그림책 제작 수업이 고등학교 영어 학습자의 영어 읽기 및 쓰기 능력, AI 리터러시, 자기효능감에 미치는 영향”. 《영어교육》, 79(4), 79~98쪽.
황성진(2015). “앱 인벤터의 활용이 초등정보영재의 창의적 문제해결력과 학습몰입에 미치는 영향”. 한국교원대학교 대학원 석사학위논문.
황윤성·정인기(2023). “chatGPT를 활용한 초등 연극 단원의 인공지능 융합 수업 개발”. 《정보교육학회논문지》, 27(5), 625~634쪽.

08
AI를 활용한 창의적 산출물 생성 교육: 예술 교육

이미지, 영상, 음원 생성 AI 도구는 미술과 음악 과목의 창작 수업에 새로운 가능성을 제시한다. 사용자 친화적인 활용 방식으로 학생들의 창의성과 표현 역량을 확장하는 역할을 하고 있다.

AI와 한의학?

지역사회 연계 고등학교 미술 교육

최민아와 이선혜(2025)는 고등학교 미술 교과에 기반한 지역사회 연계 미술 프로젝트 프로그램을 개발했다. 학생들은 다양한 AI 도구를 활용하여 지역사회의 특성을 탐구하고, 지역사회의 문제를 설정 및 해결하는 과정을 경험한다. 총 8차시 프로그램으로, 계획(1~2차시)-실행(3~6차시)-평가(7~8차시)의 3단계로 구성되며 2차시씩 블록 타임으로 진행된다. 학생들은 모둠을 구성하여 참여한다. '계획' 단계에는 사례 조사, AI 활용 방안 탐구, 지역사회 조사 활동을 한다. 아이디어 수집과 요약 활동에 다양한 AI 도구를 활용한다. '실행' 단계에는 프로젝트 주제 선정, 작품 제작 계획서 작성, 계획서 기반 작품 창작 활동을 한다. 각 모둠은 작품 제작 과정을 포트폴리오로 작성한다. 이 단계에는 이미지, 영상, 발표 준비에 적합한 AI 도구를 활용한다. '평가' 단계에는 작품 제작 과정 포트폴리오와 최종 작품을 발표하고, 감상과 평가 활동을 한다(최민아 · 이선혜, 2025).

디자인 계열 특성화 고등학교 2학년 학생 15명이 교육 프로그램에 참여했다. 학생들은 문제 해결을 위해 디자인을 적용한 경험은 있고, AI를 활용한 경험은 부족한 편이다. 학생들은 프로젝트를 원활하게 진행하기 위해 다양한 AI 도구를 탐색하고 문제 해결에 적용할 방안을 탐구했다. 계획 단계에는 문서 요약, 자료 조사, 요약, 아이디어 생성 등을 위해 챗GPT, 제미나이(Gemini), 뤼튼, 마이크로소프트 코파일럿(Copilot), 퍼플렉시티(Perplexity), 릴리스(Lilys) 등을 활용했다. 이 외에도 패들렛을 활용하여 모둠별, 모둠 간 아이디어와 이미지를 공유했다. 실행 단계에는 이미지와 동영상 생성, 발표 자료 제작에 어도비(Adobe) 파이어플라이(Firefly), 캔바, 미리캔버스, 피카(Pika), 하이퍼(Haiper) 등을 활용했다(최민아 · 이선혜, 2025). 연구에 제시된 다양한 도구의 활용을 시도하고, 프로젝트의 각 단계에 맞게 활용할 수 있는 데서, 학생들이 이미 디지털 도구 활용 역량을 어느 정도 보유하고 있음을 예상할 수 있다. 그리고 새로운 도구 활용이나 다양한 도구 활용에 관한 두려움이나 피로감을 느끼기보다는 관련 활동에 관한 흥미와 필요성에 의한 동기가 잘 작용하고 있음을 알 수 있다.

연구자들은 참여 관찰, 자체 제작한 설문조사, 심층 면담, 학생들의 산출물 분석 등으로 학생들의 반응을 수집하여 교육 프로그램 효과를 분석했는데, AI 활용 효과에 관한 내용은 다음과 같다. 학생들은 프로젝트를 수행할 때 자료 조사 및 정보 분석과 시각적 산출물 생성에 다양한 AI 도구를 활용함으로써 "복잡한 아이디어를 빠르게 구현하고, 사고를 확장하여 아이디어를 쉽게 얻을 수 있다"라고 긍정적으로 인식했다. 연구자들은 프로젝트 기반의 미술 수업에서 학생들이 AI의 정보 처리 기능과 이미지 생성 기능을 활용하여 한정된 시간 범위에서 빠르게 아이디어를 구현하고, 다양한 방식을 시도할 수 있었던 것으로 분석했다. 또한 학생들이 프로젝트 초반에 다양한 AI 도구를 활용하여 자료 수집 및 분석과 공유 활동의 속도를 높일 수 있었고 AI가 상호작용을 촉진하는 등 협업 활동에 긍정적으로 작용한 것으로 분석했다(최민아 · 이선혜, 2025).

AI의 비판적 활용 고등학교 미술 교육

김지서와 정은영(2023)은 고등학교 미술 교과 기반 교육 프로그램을 개발했다. 학생들이 이 수업을 통해 생성형 AI 기술에 대한 비판적 인식을 견지하며 AI를 창의적으로 활용하도록 설계했다. 1학기(17차시) 미술 수업은 12차시 분량(6~17차시)이며 2개 주제로 구성했다. 첫 번째 주제는 'AI와 함께 그리는 세상(6~10차시)'이며, 이미지 생성 AI에 관한 개념과 쟁점을 살펴보고(비판적 인식), 활용 사례와 예술 창작 방향을 탐색한다(창의적 활용). 토의를 통한 논술형 문항 작성으로 성찰 활동을 한다. GAN(적대적 생성 신경망)과 생성형 AI를 활용한다(김지서 · 정은영, 2023).

두 번째 주제는 '나도 미디어 아티스트(11~17차시)'다. 학생들이 모둠을 이루어 미디어 아티스트로서 생성형 AI를 활용하여 예술 작품을 만들고 전시한다. 11차시는 주제를 탐색한다. 12차시에는 설정한 주제를 예술 작품으로 구현할 방안을 모색하고, 이에 활용할 수 있는 AI 기술을 탐색한다. 13~16차시는 AI를 활용하여 미디어 아트 창작 작업을 진행한다. 17차시는 전교생 대상의 교내 작품 전시를 한다(김지서 · 정은영, 2023).

국제계열 특수목적고 2학년 1개 반이 교육 프로그램에 참여했다. 학생들은 대부분 블록 코딩 경험은 있지만, AI 기반 플랫폼 활용 경험은 없었다. 다만 학교 수업에 대부분 노트북과 태블릿 PC를 활용하므로 디지털 기술에 대한 친숙도는 높은 편이었다. 연구자들은 학생 특성을 바탕으로 사용자 편의성을 고려하여, 이미지 생성 AI 서비스인 고갱2(GauGAN2)와 달리 2(DALL · E 2)를 수업에 활용했다. 그리고 학생들이 프롬프트를 작성할 때 상황 묘사를 구체적으로 하고 어휘를 풍부하게 사용할 수 있도록 미술 용어 관련 프롬프트 목록을 제공했다(김지서 · 정은영, 2023). 생성형 AI를 활용할 때 원하는 결과를 효율적으로, 시간의 낭비를 최소화하며 얻으려면 작업이 속한 영역의 지식에 기반한 프롬프트 활용 전략이 필요하다. 특히 생성형 AI를 처음 활용하거나 경험이 많지 않은 학생들을 대상으로 수업을 진행할 때는 제한된 시간에 다수를 이끌어 계획된 절차를 수행하도록 해야 하므로, 연구자들이 제시한 바와 같이 교사가 프롬프트를 먼저 다양하게 시도하고, 주요 내용을 정리해 제공할 필요가 있다.

연구자들은 참여 관찰, 수업 장면의 녹화 및 녹음, 프로세스폴리오, 학생 작품, 심층 면담 등을 통해 학생들의 총체적인 학습 경험에 관한 자료를 수집하여 분석함으로써 교육 프로그램의 효과를 살펴봤다. 연구자들의 주요 분석 내용은 다음과 같다. 첫째, 학생들은 생성형 AI를 자유롭게 실험하며 AI를 통한 이미지 생성 원리와 효과적 활용 방법을 알아 가고, 필요시 다른 유사 플랫폼을 탐색했다. 생성형 AI의 가능성과 한계를 경험하며 자신의 관점을 정립하기도 했다. 둘째, 모둠별로 충분한 시간 동안 다양하게 실험함으로써 생성형 AI의 새로운 특성을 발견하여 독창적인 창작 시도를 하는 모습을 보였다. 셋째, 학생들은 생성형 AI와의 다양한 상호작용 경험을 통해 AI와의 협업을 통한 새로운 방식의 예술 창안과 발전 방안을 고민했다. 마지막으로, 연구자들은 AI를 활용한 미디어아트 창작 수업을 통해 학생들이 예술 창작자로서 발전할 가능성을 제시했다(김지서 · 정은영, 2023).

영상을 만드는 초등 미술 교육

이미영과 안인기(2025)는 초등학교 미술 교과에 기반한, 동영상 생성 AI를 활용한 영상 표현 수업을 개발했다. 수업은 1학기의 예비 과정 15차시와 2학기의 본 과정 12차시로 이루어졌다. 우선 예비 과정의 세부 내용을 살펴보면, 1~5차시는 태블릿과 컴퓨터 사용법과 규칙, 본 과정에 활용할 AI 도구의 활용법을 익혔다. 이미지 생성 AI(캔바, 오토드로)를 활용한 장면 생성, 언어 생성 AI(챗GPT)를 활용한 이야기 개요 작성 등을 연습했다. 6~15차시에는 실사 영상 제작 특강에 참여하여 영상 촬영 감독으로부터 영상 제작 기법을 익히는 시간을 가졌다(이미영 · 안인기, 2025).

본 과정에서는 AI를 활용하여 표현 능력을 함양하고자 했다. 세부 내용을 살펴보면, 1~2차시에는 AI를 활용하여 상상을 영상으로 표현한다. 챗GPT와 상호작용하며 상상을 구체화하고 영상 생성 AI[클링 AI(Kling AI)]로 영상을 제작하고 패들렛을 활용해 공유한다. 3~4차시에는 행복을 느끼는 순간을 영상으로 표현한다. 학생들은 자신이 떠올린 행복했던 순간을 영상 생성 AI[런웨이 젠3(Runway Gen-3)]에서 이미지로 만들어 내기 위해 활용할 프롬프트를 챗GPT에서 영어로 바꾼다. 학생들이 생성한 영상을 모아 한 편의 뮤직비디오를 만든다. 5~12차시는 본격적인 영화 제작을 위한 과정이다. 이야기 구조 쓰기(5~6차시), 스토리보드 쓰기(7~8차시), 주요 장면 프롬프트 작성(9~10차시), 영상 생성 AI를 활용하여 장면 생성 · 편집 · 완성하기(11~12차시)로 구성된다. 텍스트 관련 작업에는 챗GPT를 활용한다. 수업은 정규 미술 수업과 창의적 체험활동을 통해 이루어졌다(이미영 · 안인기, 2025).

초등학교 6학년 1개 반의 26명 학생이 수업에 참여했다. 학생들은 5학년 때부터 수업에 태블릿 PC를 활용 경험이 있으나, 개인 간 활용 능력의 편차가 있고 전반적으로 능숙한 편은 아니었다. 연구자들은 학생들의 특징을 고려하여 예비 과정을 설계했다. 한편, 미술 활동을 좋아하거나 미술에 자신감이 있는 학생은 적은 편이었다. 수업에는 생성형 AI를 다양하게 활용했다. 아이디어 구체화와 영상 제작을 위한 프롬프트 작성에 챗GPT를 사용했다. 이때 교사는 학생들에게 챗GPT는 생각의 조력자이므로 생성된 텍스트를 그대로 사용하지 않도록 방침을 제시했다. 영상 생성 AI를 다양하게 사용했으나[클링 AI, 루마 AI(Luma AI), 런웨이 젠-3(Runway Gen-3)], 다양한 한계 상황으로 인해 최종 결과물 산출에는 런웨이 젠-3를 활용했다(이미영 · 안인기, 2025). 산출물의 유형이 텍스트, 이미지 등으로 같더라도 결과물에는 생성형 AI 서비스에 따른 특색이 있다. 따라서 교사는 다양한 서비스를 활용해 보고, 각 서비스의 특징을 파악하여 수업에 활용할 필요가 있다. 그리고 생성형 AI 서비스의 종류에 따라 무료 라이선스일 때 사용 횟수나 기능에 제한이 있을 수 있다. 따라서 활용이 미숙하거나 아이디어를 다양하게 시도할 때 제한될 수 있음을 고려해야 한다.

연구자들은 학생의 수업 산출물, 교사의 수업 과정 기록물(동영상, 사진, 대화 기록 등)과 수업일지, 심층 인터뷰 등의 다양한 질적 자료를 분석하여 교육 프로그램의 효과를 살펴봤다. 연구자들은 학생들이 수업에 제시된 주제를 각자의 삶과 기대를 반영하여 해석하고, 감정을 이입하여 영상을 생성한 것으로 평가했다. 그리고 수업을 통해 학생들의 잠재된 미술 역량 확장, 디지털 리터러시 향상, 영상 관련 관심과 역량 성장, 원하는 영상 제작을 위한 다양한 시도 및 탐색과 같은 성장의 면면을 관찰했다(이미영 · 안인기, 2025).

음악 창작 수업

한수현과 한경훈(2024)은 AI 작곡 프로그램을 활용한 초등 음악 창작 교육 프로그램을 개발했다. 구성주의 학습 환경 설계 모형에 기반하여 4개의 단계, 총 12차시 수업으로 구성했다. 단계별 내용을 살펴보면, 1단계(1~3차시)에는 음악의 기본 개념을 학습한다. 이 수업에서는 장음계/단음계, 빠르기, 관악기/현악기, 음색, 곡의 형식 등의 음악적 요소를 다루었다. AI 작곡 프로그램인 아이바(AIVA, Artificial Intelligence Virtual Artist) 활용을 위한 기본 기능을 배우고 학습한 음악적 요소를 바탕으로 곡을 창작하고 모둠별로 공유한다. 2단계(4~5차시)에는 음악의 심화 개념을 학습한다. 리듬과 다이내믹, 장르별 음악적 특징을 배우고, 아이바를 활용하여 리듬을 실습하고 원하는 장르의 곡을 창작한다. 3단계(6~8차시)는 모둠 활동으로 광고 음악 창작을 위한 기획 활동을 한다. 먼저 광고 음악의 특징과 역할에 대해 학습한다. 이를 바탕으로 아이바를 활용하여 광고 음악 창작을 위한 기획안과 초안을 제작한다. 모둠별 기획서와 초안을 발표하고 피드백한다. 4단계(9~12차시)에는 아이바를 활용하여 광고 음악을 제작하고 수정한다. 작업 결과를 발표하고 피드백을 받으며, 창작 과정을 성찰하고 발전 계획을 작성한다(한수현 · 한경훈, 2024).

초등학교 6학년 학생 21명이 수업에 참여했다. 학생들이 소속된 학교는 디지털교과서 연구 학교를 거쳐 소프트웨어 선도 학교로 운영되어 교육용 정보 · 기술을 위한 기자재가 충분히 구축된 특징이 있었다. 수업은 음악 시간을 통해 운영했고, 프로젝트 활동은 블록 수업으로 진행했다. 수업에는 AI 기반의 음악 창작 도구인 아이바를 활용했다. 250여 가지의 다양한 스타일의 음악을 창작할 수 있는 도구로 초보자부터 전문가까지 폭넓게 활용할 수 있다. 이 프로그램에서 연구자들이 음악 교육의 관점에서 중요하게 본 특징은 매개변수 기반으로 음악을 생성하는 방식을 제공한다는 점이다. 사용자는 음악적 요소에 해당하는 파라미터를 세부적으로 설정하여 결과물을 조율할 수 있는데, 이를 통해 사용자는 음악 생성 과정에 직접 참여하게 된다. 음악 교육의 측면에서, 학생이 자신이 설정한 매개변수가 결과물에 미치는 영향을 확인함으로써 음악 이론을 체험적으로 학습하고,

이를 통해 음악적 사고력을 함양할 수 있다고 보았다. 또한 파일 공유 기능이 있어 동료와의 협력 도구로 활용할 수 있음을 장점으로 꼽았다(한수현 · 한경훈, 2024).

연구자들은 한국교육개발원(KEDI) 학생 역량조사(권희경, 2020)를 통해 수업의 효과를 살펴봤다. 학생들은 수업 참여 후에 전체 하위 역량(자기 관리 역량, 지식 정보 처리 역량, 창의적 사고 역량, 심미적 감성 역량, 의사소통 역량, 공동체 역량)에서 4점대 이상의 긍정적인 반응을 나타냈다. 연구자들은 음악 창작 교육에서 AI 도구가 학생의 창의적 사고와 협력적 학습을 촉진하고, 기술적 편의를 제공했으며, 학습자의 참여를 유도한 것으로 파악했다. 이를 통해 학생들이 학습 주체가 되게 하는 교육적 매개 역할을 하고, 학생 중심의 창의적 학습 환경 조성에 도움이 된 것으로 분석했다. 그리고 연구자들은 교사의 모델링, 코칭, 비계 설정 등이 학생들의 학습 참여도와 성취도를 높인다는 점에서 교사의 역할을 강조했다(한수현 · 한경훈, 2024). 연구자들이 제시한 AI 활용의 교육적 효과는 교사가 수업에 AI 도구를 어떻게 활용할 것이고인지, 교사 자신의 역할을 어떻게 설정할 것인가에서 비롯된다. 예를 들어, 연구자가 제시한 효과 중 하나인 협력적 학습 효과를 기대한다면, 관련 기능을 제공하는 AI 도구나 에듀테크 도구를 탐색해서 활용해야 한다. 그리고 수업에 이런 공유 활동이 자연스럽게 이루어지도록 교사의 지원과 촉진 방안을 세심하게 계획할 필요가 있다.

참고문헌

권희경(2020). "2020 KEDI 학생역량 조사 연구(RR2020-29)". 한국교육개발원 연구보고서.

김지서·정은영(2023). "생성형 인공지능을 활용한 고등학교 미술수업의 실행과 분석: 인공지능 기술의 비판적 인식 및 창의적 활용을 중심으로". 《조형교육》, 88, 55~84쪽.

이미영·안인기(2025). "동영상 생성 인공지능을 활용한 초등 미술수업 개발 연구". 《미술과 교육》, 26(1), 51~77쪽.

최민아·이선혜(2025). "인공지능과 지역사회가 만나는 미술교육 – 고등학교 프로젝트 기반 학습 사례 연구 –". 《미술교육논총》, 39(1), 102~126쪽.

한수현·한경훈(2024). "구성주의 학습 환경 설계모형(CLEs)기반 인공지능(AI) 작곡 프로그램을 활용한 음악창작 수업 개발". 《예술교육연구》, 22(4), 751~770쪽.

09
AI 활용 교육의 주요 쟁점

시간이 지날수록 다양해지고 고도화되는 AI 활용 교육에 대한 관심과 기대가 높아지고 있다. AI의 특징에서 기인하는 한계와 쟁점, 효율적이고 효과적인 AI 융합 교육이 이루어지기 위한 방안으로서 교수 역량, 학교와 초 · 중등 학생이라는 특수한 교육 환경과 대상과 같이 고려할 사항이 다양하게 존재한다.

AI와 화장품?

AI 활용 교육을 위해 필요한 교수역량

학교에서의 AI 활용 교육은 교육 목표와 기대 효과, 활용 도구, 교수 · 학습법 등의 측면에서 다양해지고 고도화되고 있다. 효과적이고 효율적인 AI 융합 교육을 위해 교사들에게 필요한 것이 무엇일까? 이를 수업 장면에서 교사의 역할 변화와 AI 융합 교육을 위한 교사 역량의 측면에서 나누어 살펴본다.

성태제, 시기자, 최윤정(2024)은 교육 현장에서 생성형 AI 활용이 보편화되면서 수업에서 교사의 역할 변화를 예상했다. 첫째, 수업에서 가르침을 주도하는 교수 역할에서 학생의 주체적 학습 과정을 지원하는 역할이 강화된다. 둘째, 학생이 AI를 활용하는 과정에 다양하게 개입하여 다음과 같은 역할을 하게 된다. 우선 AI를 활용한 수업 및 학습 활동에서 학생들이 자신이 도출하고자 하는 바에 효율적이고 정확하게 도달할 수 있도록 지원해야 한다. AI를 활용하여 도출하거나 생성한 자료가 타당하고 적절한지를 확인하고 학생들이 스스로 검증할 수 있도록 지도해야 한다. 마지막으로 학생들이 다양한 AI를 통해 수집한 지식을 올바르게 인용하고 사용할 수 있도록 지도하고, 비윤리적 사용을 파악하여 제한해야 한다(성태제 외, 2024). 이러한 역할 변화는 생성형 AI

활용 시뿐만 아니라 다른 AI 기반 도구 활용에 대해서도 동일하게 적용된다.

AI 융합 교육은 프로젝트 기반 학습으로 설계 및 운영되는 경우가 많기에 교사는 프로젝트 기반 학습 운영 경험과 노하우가 필요하다. 프로젝트의 시작 시점에는 적절한 문제를 제공할 수 있어야 하고, 학생들이 스스로 주제를 설정한다면 주제 설정과 문제 정의 과정을 잘 이끌 수 있어야 한다. 프로젝트 진행 중에는 학생들의 수행 과정을 파악하고 적절하게 피드백할 수 있어야 한다. 한편, AI 융합 교육은 다양한 디지털 도구를 활용한 실습으로 구성되는 경우가 많다. 따라서 교사의 AI · 데이터 · 디지털 소양이 자신이 설계 및 운영할 교육 프로그램 내용을 뒷받침할 수 있어야 한다. 그리고 학생들의 관련 소양을 파악하고, 학생들이 활동에 원활하게 참여할 수 있을 정도로 사전 교육을 지원할 수 있어야 한다. 이를 AI 융합 교육을 위한 교수 역량의 측면에서 살펴보자.

박가영, 황수민, 이정민(2023)은 AI 융합 교육 교수 역량에 대해 “AI 기술과 교과 내용의 융합을 통해 문제 해결 능력을 함양하는 수업을 설계, 실행, 평가할 수 있는 교사의 이론적 역량과 실천적 역량의 총체”로 정의했으며, 이를 측정할 수 있는 검사 도구를 개발했다. 검사는

'AI 융합 교육 기초 역량군'과 'AI 융합 교육 교수 설계 역량군'이라는 2개 역량군과 6개 하위역량으로 구성되어 있다. 먼저, AI 융합 교육 기초 역량군은 2개 하위역량인 'AI 융합 교육 이해 역량'과 'AI 이해 역량'으로 구성되어 있다. 다음으로 AI 융합 교육 교수 설계 역량군은 4개 하위역량인 '교육과정/수업 재구성 역량', 'AI 기반 학습 환경 조성 역량', '교육 성과 평가 및 피드백 역량', '수업 성찰 및 개선 역량'으로 구성되어 있다. 총 37개의 문항을 통해 6개 하위역량의 정도를 진단할 수 있다(박가영 외, 2023).

AI 융합 교육 교수 역량 검사 도구는 교사가 설계, 운영, 평가, 성찰이라는 AI 융합 수업 전체 주기에서 자기 점검 목록으로 활용할 수 있다. 실제로 필자가 참여한 예비 교원을 위한 AI 융합 교육 프로그램 개발 연구(윤혜진 · 김귀훈, 2025)에서는 예비 교원에게 AI 융합 교육 프로그램 개발을 위한 개인 프로젝트 수행에 앞서 AI 융합 교육 교수 역량에 관해 설명했다. 연구 과정에서 교육 프로그램 개발 과정에서의 대화 및 관찰과 제출한 결과물을 통해 예비 교원들이 교육 프로그램을 개발할 때 역량의 각 지표를 바탕으로 교육 프로그램 내용과 결과에 대해 검토하고 성찰하는 것을 알 수 있었다.

교육 내용과 교사 역할로 보는 AI 쟁점

이 장에서는 AI 융합 교육의 쟁점을 교육 내용과 교사의 역할이라는 두 가지 측면에서 살펴보고자 한다. 먼저, 교육 내용의 관점에서 살펴보면, AI를 활용한 교육의 쟁점은 AI 활용의 쟁점이라고 할 수 있으며, 이는 학생들이 알아야 할 AI의 특징과 한계 및 유의 사항으로 볼 수 있다. AI 관련 쟁점은 기술적 · 사회적 성격을 동시에 가진다. 전자는 학습 주제와 연계된 AI 활용 활동을 하며 함께 다루는 내용이다. 후자는 AI의 사회적 영향에 관한 내용이다. AI 융합 교육에서 중요하게 인식되는 주제이면서도 폭넓고 다양한 내용과 방식으로 접근할 수 있다. AI의 사회적 영향을 어떻게 다룰지를 더 살펴보자.

초 · 중등 학생 대상의 교육에서 AI의 사회적 영향에 관한 내용을 다룰 때 정보 교과의 선택 과목인 '인공지능 기초'의 '인공지능의 사회적 영향' 영역을 유용하게 활용할 수 있다. 먼저 주제 방향은 교육과정의 '지식 · 이해' 요소를 바탕으로 사회 변화, 직업과 진로, 윤리적 문제라는 세 가지 영역으로 구분하여 다룰 수 있다. 수업의 주요 활동은 '과정 · 기능' 요소를 바탕으로 도출할 수 있으며, AI를 통해 해결할 수 있는 문제 탐색, AI에 의한 삶과 직업의 변화 양상 파악, AI와 인간의 공존 방안 탐색, AI

로 인한 윤리적 딜레마 논의 등이 있다(교육부, 2022). 이 활동 요소는 추상적으로 제시하기보다는 교과와 연계하여 학생들이 탐색할 영역과 대상을 한정하여 운영할 필요가 있다.

'가치 · 태도' 요소는 수업 과정에서 가치가 반영된 판단과 의미 부여, 성찰 및 반성과 같은 요소에 활용할 수 있다. 교과와 관련된 영역에서 AI의 중요성을 인식하는 것, AI를 여러 측면에서 볼 수 있는 관점과 비판적 자세 및 윤리적 태도를 견지하는 것 등의 정의적 측면의 요소다(교육부, 2022). 관련하여 AI 기술과 AI 활용 결과물을 검증 과정을 통해 비판적으로 활용하기, AI 활용 경험을 바탕으로 인간과 AI의 역할을 모색하기, AI 활용에 관해 윤리적인 측면에서 고찰하기와 같은 학습활동이 다양한 교육 프로그램에 나타나고 있다.

다음으로 교사의 역할을 '인공지능 기초' 과목의 '인공지능 프로젝트' 영역을 중심으로 살펴보고자 한다. AI 융합 교육 프로그램에 프로젝트 활동이 포함되는 경우가 많으므로, 프로젝트 형식의 AI 융합 수업을 설계하고 운영할 때의 고려 사항을 교수 · 학습의 설계와 운영 측면에서 검토한다.

학생들의 프로젝트 수행을 지도할 때 '성취 기준 적용

시 고려 사항'을 참고하여 교사는 다음과 같은 역할을 할 수 있다. 첫째, 학생들이 AI 프로젝트의 주제를 선정할 때 해당 분야의 문제를 해결하는 하나의 방안으로 AI를 활용할 수 있음을 인식하게 할 수 있다. 둘째, 학생들이 AI 활용 방안을 설계할 때 학생의 아이디어를 존중하여 다양한 관점이 자유롭게 제시될 수 있도록 지원할 수 있다. 셋째, 프로젝트 수행 과정에서 결과물의 완성도와 함께 주제의 적절성, 문제 해결 방식의 창의성, 협업 역량 등 다양한 요소를 살펴 학생들이 다방면의 역량을 발휘할 수 있는 계기를 제공할 수 있다(교육부, 2022).

수업 운영의 도구 활용 측면에서 '교수 · 학습 방법'을 참고하여 다음과 같은 사항을 고려할 수 있다. 첫째, 학생의 다양한 학습 속도를 고려하여 최소 성취 수준을 보장하고, 학습 격차를 최소화하기 위한 노력이 필요하다. 특히, 각 학생의 AI · 디지털 · SW 경험과 소양에 차이가 있을 수 있으므로, 이를 사전에 파악하여 학생들의 전반적인 수준에 맞는 방식으로 교수 · 학습 활동을 구성한다. 필요시 학생들이 수업의 주요 활동에 필요한 기본 지식과 기술을 습득할 수 있는 활동을 수업 과정에 포함한다. 둘째, AI 프로그램 개발 활동을 중심으로 하되, AI 개념 이해에 도움이 되는 플랫폼과 디지털 도구를 적절히 활용하여 학습 효과 및 효율을 높인다. 셋째, 학생들이 교과 목적에 부합하는 다양한 디지털 교육 환경을 경험하고 적응할 수 있도록 하되, 디지털 도구에 대한 인지적 부담은 최소화하고, 활용 경험은 충분히 제공하는 방향으로 수업을 구성 및 운영한다(교육부, 2022).

학교에서 AI를 쓸 때 고려 사항

교사가 학교 수업에서 학생들과 함께 AI를 쓴다는 것은 AI에 대한 바람직한 인식과 습관을 기르고자 하는 교육적 목적이 내재되어 있다. 수업을 위한 AI 활용에는 안전성, 윤리성, 책임성, 투명성 등이 특별히 강조된다. 필자가 참여했던 서울교육청과 충북교육청의 초·중등 교육을 위한 생성형 AI 활용 가이드를 중심으로 AI를 활용한 교수·학습 설계 및 운영 시 고려 사항과 체크리스트를 살펴보고자 한다.

먼저 수업에 AI 도입을 고려한다면 다음 사항을 검토할 필요가 있다. 첫째, AI 서비스 사용 가능 나이를 검토해야 한다. 엔트리, 스크래치, 티처블머신 등의 교육용 플랫폼은 초·중등 학생 사용에 제약이 없다. 한편, 대표적인 생성형 AI 서비스인 챗GPT는 13세 미만 사용을 금하고, 13~18세는 보호자 동의하에 사용할 수 있다.

수업에 챗GPT를 활용하고자 한다면, 보호자 동의 획득 절차를 준비해야 한다. 그리고 초등학생의 경우 교사를 통해 간접 사용하고, 중 · 고등학생의 경우 교사가 사용 과정과 결과를 관리하는 등의 활용 전략이 필요하다. 둘째, 활용하고자 하는 AI 기술의 작동 원리에 대한 기본 이해가 필요하다. AI 산출물의 오류 가능성, 부적절한 결과물의 생성 가능성, 훈련 데이터의 편향으로 인한 왜곡되거나 불균형한 결과 도출 가능성을 인식하여 비판적으로 결과를 수용해야 한다. 그리고 학생들에게도 AI 기술의 기본 이해를 바탕으로 AI 활용 과정 및 결과에서 비판적 관점을 형성하기 위한 지원이 필요하다. 셋째, 수업에 적합한 AI 도구를 선정하기 위해서는 다양한 AI 플랫폼과 서비스의 특징과 장단점에 대한 이해가 바탕이 되어야 한다(서울특별시교육청, 2023; 충청북도교육연구정보원, 2023). AI 도구 선정 이후에도 수업 중에 발생할 수 있는 작동 오류와 예상치 못한 실습 상황을 대비하기 위해 다양한 상황의 시뮬레이션 테스트 및 검토 과정이 필요하다. 또 한정된 수업 시간에 다수의 학생이 동시에 각자의 방식으로 AI 도구를 활용하는 상황을 잘 관리할 수 있도록 준비가 필요하다. 마지막으로, AI 활용 활동 중에 개인정보와 민감 정보가 노출되지 않도록 수업 내용 구성에 유의할 필요가 있다.

다음으로 AI를 수업에 도입할 때 수업 준비-운영-후속 활동의 단계별로 고려할 사항을 체크리스트 형태로 정리하면 다음과 같다. 먼저 수업 설계 및 수업을 위한 준비 단계다. AI 활용 수업을 위한 설계와 환경을 점검한다. 첫째, 학생들의 준비도를 확인해야 한다. 학생들의 AI · 디지털 · SW 활용 경험과 능력 수준을 확인하고, AI의 한계를 파악하고 윤리적으로 활용할 교육 준비가 필요하다. 둘째, 수업 진행을 위한 교육 환경을 확인한다. 사용하려는 AI 도구의 나이 제한 규정을 파악하고, 이와 관련된 가정통신문과 같은 보호자의 동의를 구하는 과정 등을 준비해야 한다. AI 도구 사용에 필요한 인프라와 연계하여 활용할 수 있는 도구가 있는지도 살펴본다. 셋째, AI 도구 활용의 필요성과 교육적 효과를 따져 본다. 넷째, 수업 목표, 학습 방법, 평가 기준을 AI 활용 교육에 맞게 설정하고, AI 활용으로 가능한 교육 활동 유형과 수업에서 AI 도구의 활용 목표와 용도를 명확히 한다. 마지막으로, 수업 활동에 필요한 자료 준비에 개인정보 보호 및 보안, 저작권 침해 요소 등을 점검한다(서울특별시교육청, 2023; 충청북도교육연구정보원, 2023).

다음으로 수업 운영 단계의 체크리스트는 다음과 같

다. 첫째, 학생들이 AI 도구를 목적에 맞게 활용하고 있는지 지속적인 점검과 지도가 필요하다. 생성형 AI를 활용하는 활동이라면, 학생이 원하는 결과물을 얻을 수 있도록 명확하고 구체적으로 지시하고 있는지를 살펴보고 지원할 필요가 있다. 둘째, 교사가 설정한 목표의 방향으로 수업 활동이 진행되고 있는지 흐름을 점검하고, 필요시 적절하게 학생들의 활동 방향을 유도할 필요가 있다. 활동 과정에서 학생들이 AI 도구를 활용해 얻은 산출물을 자신들이 의도한 바와 비교하여 그 질을 점검하게 하고, 필요시 새로운 결과물을 도출하거나 추가 작업을 할 수 있도록 지도한다. 또한 AI 산출물이 사실에 기반하고 교과 내용에 부합하는지에 관한 검증을 지원하고, 필요시 출처 확인과 표기 방법을 안내한다. 셋째, 학생들이 AI를 통한 산출물을 작업에 일관성 있게 반영하고, 프로젝트 수행에 AI 활용이 도움이 되었는지를 평가하도록 한다(서울특별시교육청, 2023; 충청북도교육연구정보원, 2023). 마지막으로, 학생들이 결과물을 얻지 못하거나 부적절한 산출물이 생성되는 등 예상치 못한 상황을 겪을 경우를 대비한 지원과 대응 방안이 필요하다.

수업이 끝난 후에는 다음과 같은 활동 점검과 수업 개선 과정을 고려할 수 있다. 첫째, 학생들의 AI 활용 이력과 생성 결과물을 수집하여 분석한다. 이를 통해 학생들의 활용 방식과 행동 패턴을 파악하고, 수업에서 AI 도입과 활용 방법이 적절했는지 평가할 수 있다. 둘째, AI 도구 활용이 일회성에 그치지 않고 지속적일 수 있도록 수업 설계와 운영 방식의 점진적 개선 방안을 모색한다(서울특별시교육청, 2023; 충청북도교육연구정보원, 2023).

참고문헌

교육부(2022). "실과(기술·가정)/정보과 교육과정(교육부 고시 제 2022-33호[별책 10])".

박가영 외(2023). "교사의 인공지능 융합교육 교수역량 척도 개발 및 타당화". 《교육공학연구》, 39(1), 315~344쪽.

서울특별시교육청(2023). "생성형 AI 교육자료: ChatGPT를 중심으로".

성태제 외(2024). "생성형 AI 시대, 교육의 변화와 교육평가의 향방". 《교육평가연구》, 37(1), 1~28쪽.

윤혜진·김귀훈(2025). "예비 교사의 인공지능(AI) 융합교육 교수역량 강화를 위한 프로젝트 기반 교육 프로그램 개발 및 적용". 《한국컴퓨터정보학회논문지》, 30(1), 251~261쪽.

충청북도교육연구정보원(2023). "초·중등 교육 분야의 생성형 인공지능 적용을 위한 매뉴얼(수업편, 업무편)".

10
AI 시대 창의 교육에서의 평가

학교 교육에서 학생의 창의성은 학습 과정과 결과를 다면적이고 미세하게 평가되어야 한다. AI 시대의 교육 평가는 실생활을 반영한 복합적 맥락을 고려해야 한다. AI를 활용한 실생활 문제 해결 과정에서 학생의 역량을 총체적으로 드러낼 수 있는 프로젝트 기반 학습과 학생의 수행 능력을 평가하는 수행평가가 앞으로도 계속 강조될 것이다.

종교와 AI?

창의성 평가 방안

창의성은 정신적인 작용이지만, 창의성을 평가하는 것은 창의적인 결과물을 통해 이루어진다. 어떤 사람이 창의적 노력을 기울여 결과물을 냈을 때 그를 '창의적이다'라고 판단하게 된다. 창의적 산출물은 창작 의도에 의해 생성된 새롭고 가치 있는 것이다(김현정, 2003). 그렇다면, 우리는 서로 다른 특징을 가진 다양한 결과물에서 새롭고 가치 있다는 특징을 어떻게 알아볼 수 있을까? 다양한 기준이 있겠지만, 카우프만과 베게토(Kaufman & Beghetto, 2009)가 구분한 창의성의 다양한 수준을 참고삼아 활용할 수 있다.

조연순과 정지은(2012)은 카우프만과 베게토(Kaufman & Beghetto, 2009)의 네 가지 수준의 창의성을 다음과 같이 한글로 명명하고, 정리했다. 첫째는 큰 창의성(Big-C creativity)이다. 누구나 창의적이라고 보는 명백하고 저명한 창의성이다. 에디슨의 전구 발명, 빌 게이츠의 컴퓨터 발명, 세종대왕의 한글 창제 등이 대표적인 사례다. 둘째는 전문적 창의성(Pro-c creativity)이다. 전문가적인 수준의 창의성을 의미하며, 각 분야에서 전문가로 인정받는 개인이 포함된다. 앞에서의 큰 창의성이나 다음의 작은 창의성이라고 하기에 애매한 영역이 해당된다. 셋째, 작은 창의성(little-c creativity)은 누구나 접근 가능한 범주에 있는, 일상의 경험이나 표현에서 나타나는 창의적 요소에 주목한다. 마지막으로 미니 창의성(mini-c creativity)은 작은 창의성을 세분화한 것으로, 아직 개인적이고 잠재적 성향의 수준을 의미한다. 아직은 개인적인 의미 수준에 머물며 발현되지 않은 상태인데, 누군가가 새롭고 유용하다는 동의(혹은 평가)를 표함으로써 작은 창의성으로 발전하게 된다 (Kaufman & Beghetto, 2009; 조연순 · 정지은, 2012).

조연순과 정지은(2012)은 작은 창의성과 미니 창의성을 바탕으로 학생 수준의 창의성을 연구했다. 이를 중심으로 학생 수준의 창의성에 대해 살펴보자. 학교의 교육 목적으로 학생의 창의성 함양이 포함된다는 것은 학생 각자에게 창의적 잠재력이 있고, 창의성은 길러질 수 있음을 의미한다. 만약 어떤 학생이 수업에서 배우지 않은 새로운 방식을 시도하여 문제를 해결했다면, 이것은 일상에서 발현될 수 있는 작은 창의성의 예가 될 수 있다. 한편, 학생이 자기 경험 및 행동에 스스로 의미를 부여하는 등의 개인적 해석 활동은 아직 타인에게 평가되기 이전인 미니 창의성에 해당한다. 연구자들은 학생 대상의 창의성 교육에서 학생이 자신의 산출물로 교사나 동료들에게 독창적이고 유용하다는 평가를 받을 때와 학생 스스로 새로운 의미를 부여하는 것의 중요성을 강조했다. 전자는 작은 창의성에 해당하고, 후자는 미니 창의성에 해당한다. 연구자들은 교사가 학생의 잠재적 측면을 발견하고 촉진하는 것이 학생의 창의성 발현에 도움이 될 것임을 강조했다. 이와 같은 교수 · 학습 방식에는 수업에서의 상호작용 분석, 학생 인터뷰, 자기관찰 보고서와 같은 수업 중 학생들의 미시적인 변화와 특징을 포착할 수 있는 미세한 평가 방안이 필요하다(조연순 · 정지은, 2012).

AI 시대 교육 평가

AI 시대 교육 평가는 평가에 AI를 활용하는 측면과 AI 활용 교육의 평가 활동 측면이라는 두 가지 관점을 생각할 수 있다. 이 장에서는 후자의 경우, 즉 AI를 활용한 교육에서 학생 평가가 어떻게 이루어져야 하는가에 관해 살펴보고자 한다. 앞에서 언급한 창의성 교육을 위한 정성적 측면의 미세한 평가 방안이 AI 활용 교육의 평가 방안의 바탕이 됨을 알 수 있을 것이다.

생성형 AI 시대에 대응한 교육 패러다임의 변화의 향방을 살펴본 성태제, 시기자, 최윤정(2024)의 연구에서 학생 평가와 관련하여 다음의 두 가지 평가 방안을 살펴보고자 한다. 첫째는 수행평가를 실행할 때 실제적 맥락에 기반한 평가로서 의미를 강화하는 것이다. AI 시대의 학습자는 개념 및 원리를 습득하고, 이를 활용하여 새로운 것을 창출하는 창의적 능력까지 요구받고 있다. 이에 따라 학습자가 습득한 지식과 기술을 제시된 상황에서 얼마나 잘 수행하는지를 평가하는 수행평가에 관한 관심이 점차 증대되고 있다. 수행평가에서 제시하는 상황과 평가 방법이 실제와 가까울수록 학습자의 수행 능력을 더 정확하게 평가할 수 있다. 이러한 수행평가의 과정에서 학습자의 역량도 함께 향상될 수 있다(성태제 외, 2024). AI 융합 교육의 여러 사례에서 학생들이 실생활에서 문제 상황을 탐색하고, 문제를 설정하여 해결하도록 하고, 교사는 그 과정과 결과를 함께 평가하는 것을 확인할 수 있었다. 이는 수행평가에서 실제적 맥락을 더 충실히 반영하고자 하는 평가의 흐름을 보여 주는 것이라 할 수 있다.

둘째, 학생을 둘러싼 상호작용적, 복합적 맥락을 고려하여 핵심 역량과 정의적 특성까지 평가 영역을 확장하는 것이다. 실생활 맥락의 문제 해결을 위한 창의적이고 융복합적인 대응 능력은 미래 사회의 핵심 역량 중 하나로 인식된다. 비정형적이고 복합적인 문제를 해결하려면 그 문제와 관련 있는 지식, 기술과 함께 문제 해결을 위한 사고력, 동기, 수행 특성 등이 필요하다. 학생들은 문제 해결에 필요한 정보를 확보하고 활용하여 목적한 결과를 도출할 수 있어야 한다. 이러한 학습 활동의 특성을 고려한다면, 교사는 학생들이 문제 해결을 위한 정보를 파악하고 찾는 것, 찾은 정보를 문제 해결에 창의적으로 활용하는 것, 그 과정과 결과에 의미를 부여하는 것 등에 더 관심을 두고 평가해야 한다(성태제 외, 2024). 앞의 AI 융합 교육 사례에서 교사가 학생들의 정보 탐색 과정을 관찰하고 필요시 개입하는 것, 학생들이 완성된 결과물을 공유 및 피드백하게 하는 것, 작업 수행 과정과 결과를 성찰하게 하는 것과 같은 학습 요소를 공통으로 확인할 수 있었다. 이를 통해 AI 융합 교육의 평가는 학생의 다양한 특성을 담기 위한 복합적인 경향을 지향하는 것을 알 수 있다.

교사는 평가를 통해 학생들의 수업 내용 학습 정도를 확인할 수 있다. 한편, AI 융합 교육과 같은 수행 중심 수업에서는 교사가 제시하는 평가 기준이 학생들이 수행할 내용의 지침이 될 수 있다. 박가영, 황수민, 이정민(2023)의 AI 융합 교육 교수 역량에서 학습자의 교육 성과를 평가하고 피드백하는 '교육 성과 평가 및 피드백 역량'의 5항목은 교사들이 AI 융합 교육에서 평가 설계를 할 때 확인할 사항으로 활용할 수 있다. 첫째, AI 융합 교육에 대한 과정 중심 평가 계획을 수립하는 것이다. 둘째, 학생들의 이해 수준을 평가할 수 있는 적절한 평가 도구(평가표나 포트폴리오 등)를 선정하는 것이다. 셋째, 설정한 평가 기준에 근거하여 학생들을 평가하는 것이다. 넷째, 평가 문항을 학생의 수준과 수업 내용을 고려하여 다양한 수준과 유형으로 제시하는 것이다. 마지막으로, 학생들의 과정과 결과 산출물을 바탕으로 적절히 피드백을 제공하는 것이다(박가영 외, 2023).

교육과정 기준 AI 융합 교육의 평가 방안

AI 융합 교육의 대부분은 AI를 활용하여 교과 영역의 문제를 발굴하여 해결하는 프로젝트 방식의 수업으로 진행된다. 교사는 수업 진행 상황의 점검과 수업 결과 및 효과의 확인을 어떻게 진행해야 할까? 이때 국가 교육과정은 AI를 활용한 창의 교육 평가의 가장 근본적인 기준이 될 수 있다.

2022 개정 교육과정 총론의 교수 · 학습 및 평가의 주요 키워드로 학생의 삶과 연계된 학습, 학생 참여형 수

업, 문제 해결 및 사고의 과정을 중시하는 평가, 학습에 대한 성찰과 통합을 꼽을 수 있다(교육부, 2022b). 이와 같은 학교 교육의 전체적 방향성 안에서 고등학교 진로 선택 과목인 '인공지능 기초' 교육과정을 통해 학교 교육에서의 AI 융합 교육의 핵심과 맥락을 파악해 보고자 한다. '인공지능 기초'는 초 · 중등 학교에서 가능한 AI 교육의 전체적인 내용과 깊이를 제시한다는 점에서 의미가 있다. 초 · 중등 학생뿐만 아니라 대학의 비전공자를 대상으로 AI 융합 교육을 계획한다면 '인공지능 기초' 교육과정을 참고할 것을 권한다. '인공지능 기초' 과목에서 AI 활용 프로젝트를 다루는 '인공지능 프로젝트' 영역을 통해 AI 융합 교육 프로젝트의 진행 방식과 평가 방안을 살펴보고자 한다.

AI 활용 프로젝트의 주요 절차는 AI 프로젝트 주제 탐색, AI 프로젝트 수행 계획 수립, AI 소프트웨어 개발 및 평가다. 주제 탐색 및 설정 과정에서 교사는 AI를 활용하여 달성할 수 있는 학생들의 목표 탐색 활동이 폭넓게 이루어질 수 있도록 촉진하고, 그 결과 학생들이 도출한 주제가 AI 프로젝트 활동에 적합한지 판단할 수 있는 기준을 제시해야 한다(교육부, 2022a).

교육과정에서 제시하는 기계학습 기반 AI를 활용한

문제 해결 과정은 '문제 정의, 문제 해결에 적합한 데이터 수집 및 전처리, 기계학습 유형과 알고리즘 선정, 기계학습을 통한 모델 생성, 성능 평가 및 수정'이다(교육부, 2022a). 앞서 살펴봤던 사례들이 공통으로 적용하는 수업 과정임을 알 수 있다. AI 문제 해결 과정은 절차적으로 진행되므로, 교사는 학생들이 각 단계를 성공적으로 수행했는지 확인할 수 있는 중간 산출물을 적절하게 배치할 필요가 있다. 이를 통해 각 단계에서 학생들이 겪을 수 있는 어려움을 파악하여 적절한 피드백을 제공할 수 있다.

평가 방안의 주요 사항(교육부, 2022a)을 다음과 같이 정리할 수 있다. 첫째, 평가 내용의 다면성을 지향한다. 프로젝트 결과물과 프로젝트 진행 과정에서 확인할 수 있는 중간 산출물 및 학생의 주요 반응 등이 평가의 대상이 될 수 있다. 이를 지식 · 이해, 과정 · 기능, 가치 · 태도의 측면으로 고루 반영하는 평가를 위한 루브릭이 필요하다. 둘째, 교사 평가, 자기 평가, 동료 평가와 같이 다면적인 관점의 평가를 지향한다. 이를 통해 학생의 수행을 다양한 입장에서 관찰하여 입체적이고 풍부하게 의미를 부여하고 해석하는 효과를 기대할 수 있다. 셋째, 학생들의 디지털 격차로 인한 평가 결과의 불평등을 방지하는 것이다. 학생들이 평가에 활용될 디지털 도구를 평가 전에 충분히 숙지할 수 있도록 지원해야 한다. 즉 AI 프로젝트에 관한 평가는 학생들의 AI 활용에 관한 인식과 AI를 활용한 문제 해결의 과정과 결과에 초점을 두어야 할 것이다.

참고문헌

교육부(2022a). "실과(기술·가정)/정보과 교육과정(교육부 고시 제2022-33호[별책 10])".

교육부(2022b). "초·중등학교 교육과정 총론(교육부 고시 제2022-33호[별책 1])".

김현정(2003). "창의성의 개념적 검토". 《교육과정평가연구》, 6(2), 155~170쪽.

박가영 외(2023). "교사의 인공지능 융합교육 교수역량 척도 개발 및 타당화". 《교육공학연구》, 39(1), 315~344쪽.

성태제 외(2024). "생성형 AI 시대, 교육의 변화와 교육평가의 향방". 《교육평가연구》, 37(1), 1~28쪽.

조연순·정지은(2012). "국내 창의성 교육 연구 동향분석: 창의성의 범주 및 수준을 중심으로". 《영재교육연구》, 22(2), 333~352쪽.

Kaufman, J. C. & Beghetto, R. A.(2009). Beyond big and little: The four c model of creativity. *Review of General Psychology, 13*(1), pp.1~12.

윤혜진

한국교원대학교 교육연구원 뇌AI기반교육연구소 학술연구교수다. 제주대학교에서 컴퓨터교육전공 “중등 정보 교육과정에 기반한 이해 중심 평가”로 교육학 박사학위를 받았다. 교육부 주관의 인문사회학술연구교수 사업의 “중학교 정보 과목의 AI 디지털교과서를 위한 평가 체계의 개발 및 적용 방안 연구” 과제를 책임연구원으로서 진행하고 있다. 한국교원대학교에서 교육대학원(AI융합교육전공)과 학부(컴퓨터교육과)의 현직 및 예비 교원들에게 AI프로그래밍, AI융합교육프로젝트, 교육용프로그래밍언어 등 AI·SW 교육 방안에 관한 과목을 강의하고 있다. 관심 연구 분야는 AI 디지털교과서 및 코스웨어, AI 융합 교육 및 프로그래밍 교육, 교육 과정, 교수·학습 및 평가 등이다. “예비 교사의 인공지능(AI) 융합교육 교수역량 강화를 위한 프로젝트 기반 교육 프로그램 개발 및 적용”(2025), “Organizing structures of knowledge, skills, and attitudes in computing education (CE): Delphi method with in-depth interviews”(2025) 등의 컴퓨터교육 관련 논문을 KCI 등재지와 국제저명학술지(SCOPUS)에 다수 게재했다.